Raffiniert dekoriert

Landwirtschaftsverlag GmbH,
Postfach 48 02 49,
48079 Münster

3. Auflage
© Landwirtschaftsverlag
GmbH,
Münster-Hiltrup, 1996

Ideen und Dekorationen:
Ria Kormann

Redaktion und Textbeiträge:
Gerlinde Lütke Hockenbeck,
Landwirtschaftliches Wochen-
blatt Westfalen-Lippe

Fotos und Fotokonzept:
Bernadette Lütke Hocken-
beck, Landwirtschaftliches
Wochenblatt Westfalen-Lippe

Layout:
Monika Wagenhäuser

Gesamtherstellung:
LV Druck im
Landwirtschaftsverlag GmbH

Gedruckt auf chlorfrei
gebleichtem Papier

Printed in Germany

ISBN 3-7843-2768-0

Raffiniert dekoriert

**Ideen und Anleitungen
für Schmuckvolles
aus Naturmaterialien**

Landwirtschaftsverlag GmbH
Münster-Hiltrup

Raffiniert dekoriert

Dekorationen aus Naturmaterialien verleihen einer Wohnung Atmosphäre. Sie bringen Stimmung ins Haus und lassen Nischen zu einem Blickfang werden. Ob Tisch- oder Wandschmuck oder Dekoratives zum Aufhängen - gerade zu Ostern, zu Erntedank und zu Weihnachten sind viele auf der Suche nach raffinierten Anregungen für individuellen Raumschmuck. In diesem Buch sind nicht nur gute Ideen und ausführliche Dekorations-Anleitungen für festliche Anlässe enthalten, auch Ausgefallenes für alle Tage im Jahr wird vorgestellt. Diejenigen, die auf die Schnelle etwas Schmuckvolles arbeiten möchten, werden in diesem Buch ebenfalls fündig.

Lassen Sie sich durch die großformatigen Farbaufnahmen und präzisen Anleitungen zum Nacharbeiten anregen. Hilfreich sind dabei die zahlreichen Schritt-für-Schritt-Fotos. Viele der Gestaltungsideen können Sie nach ihrem Geschmack verändern. Zahlreiche Dekorationen lassen sich so abwandeln, daß sie das ganze Jahr über schmücken.

Die notwendigen Materialien finden Sie im Garten oder in der freien Natur. Sperrholz, Metallfolien und bunte Schleifenbänder sind in gut sortierten Hobby-, Heimwerker- und Blumenläden erhältlich. Für Ungeübte werden im Anhang alle Techniken ausführlich erklärt, die sie für die Dekorationen benötigen. Verschiedene Kapitel beschäftigen sich mit dem Schleifenbinden, mit Laubsägearbeiten, Metallfolienarbeiten oder mit dem Ausblasen und Bemalen von Eiern. Ergänzend ist ein Kapitel über das Sammeln und Trocknen von Pflanzenmaterialien mit einer übersichtlichen Tabelle enthalten. Alle notwendigen Schablonen können in Originalgröße dem beigefügten Schnittmusterbogen und den Schablonen im Text entnommen werden.

Das Besondere an den Dekorationen: Die selbstgefertigten Kostbarkeiten finden auch großen Anklang als Geschenkidee. Das Buch ist eine wahre Fundgrube für alle, die Wert auf raffinierte Dekorationen legen.

Das erwartet
Sie: Dekoratives
für die Oster- und
Weihnachtstage.
Aber nicht nur
das – auch für die
Sommer- und Herbst-
zeit finden Sie tolle
Anregungen zum
Nacharbeiten.

Inhaltsverzeichnis

Ostern

Dieser gefüllte und bemalte Kupferhase schmückt freihängend von beiden Seiten.

So ganz nach Hasen-Art

Kein Osterfest ohne Osterhasen. Versteckt er doch schließlich die bunten Ostereier – oder? Den Osterhasen ins Haus holen, das läßt sich mit der folgenden Dekoration „So ganz nach Hasen-Art" verwirklichen. Diese freihängende Kostbarkeit ist aus Kupferfolie gearbeitet und bemalt. Mit Heu gefüllt, mit Birkenreisern, Sackleinen, Schleifenbändern und natürlich Ostereiern ausstaffiert, schmückt dieser außergewöhnliche Hase Flure, Fenster und Nischen im Haus. Für etwa 20 DM können auch Sie diese wirkungsvolle Oster-Dekoration leicht nacharbeiten.

Hasen ausschneiden, gravieren und bemalen

Bevor es an den Bastelspaß geht, sollten Sie sich Material und Werkzeug bereitlegen. Zunächst wird der Hase zweimal aus Kupferfolie ausgeschnitten. Dazu schneiden Sie die Folie mittig mit einer Bastelschere durch und erhalten zwei 40 x 50 cm große Flächen. Die Folien werden nebeneinander gelegt. Dann übertragen Sie die Kupferhasen-Schablone (siehe Schnittmuster) auf die Kupferfolien. Mit einem kräftigen Bleistiftstrich lassen sich die Außenkonturen des Hasen auf die Kupferfolien drücken.

Mit einer Bastelschere schneiden Sie nun die Hasenfiguren aus. Dann übertragen Sie mit einer Bleistiftspitze auf beiden Hasenhälften die Konturen von Gesicht, Korpus und Kiepe. Die angedeuteten Linien von Ohren, Auge, Mund, Vorder- und Hinterläufe sowie der Kiepe werden durch die Schablone auf die Folie gedrückt. Dabei die Kupferfolie auf einen weichen Untergrund legen. Was noch zu beachten ist, wird im Anhang, Seite 102, „Arbeiten mit Metallfolie" erklärt.

Anschließend werden die Konturen von Ohren, Auge, Mund, Trageriemen der Kiepe und das Gittermuster der Kiepe sowie die Hinterläufe nochmals tief mit der Spitze des

Material:

0,4 m x 1 m Kupferfolie (0,2 mm dick)	1,3 m gelbes Juteband (4 cm breit)	einige Birkenreiser	2 Flachpinsel
40 cm Naturholzstab oder Bambusstab (1 cm dick)	1,5 m naturfarbenes Leinenband (oder beliebig lang zum Aufhängen)	etwas Moos	schwarzer Binde- oder Wickeldraht, Bleistift, Heißklebepistole, Rosenschere, Bastelschere
0,5 m naturfarbenes Sackleinenband (10 cm breit)	3 weiße ausgeblasene Kükeneier	etwas grünes Heu	
		dünne Birkenrinde	
2,0 m gelbes Satinband (1,5 cm breit)	1 braunes ausgeblasenes Ei	fünf Weizenähren	Schablone „Kupferhase" (siehe Schnittmuster)
		etwas Buchsbaum	
		Abtönfarbe (braun, grün, schwarz, weiß)	

Bleistiftes in die Folie graviert. Das Fell am Kopf, am Bauch und an den Hinterläufen deuten Sie mit dem runden Ende eines Bleistiftes an. Das Bleistiftende dazu in kreisenden Bewegungen über die genannten Partien führen.

Schließlich werden die beiden Hasenhälften auf der rechten Seite, die ganz deutlich die Gravuren erkennen läßt, mit Abtönfarbe bemalt. Der stark glänzende Effekt der Kupferfolie ist hier nicht gewollt. Benötigt wird ein Flachpinsel. An Farben eignen sich einfache Abtönfarben in Braun, Grün, Schwarz und Weiß.

Zunächst streichen Sie stark verdünnte braune Abtönfarbe über die gesamte Figur. Die Farbe darf nicht zu dick aufgetragen werden, die Kupferfolie soll noch etwas durchschimmern. Anschließend ziehen Sie mit verdünnter schwarzer Farbe die Konturen wie Ohren, Nasenspitze, Mund, Barthaare, Auge, Kiepe und Riemen, Vorder- und Hinterläufe nach. Das Gitter der Kiepe wird ebenfalls mit etwas schwarzer Abtönfarbe angedeutet. Zusätzlich setzen Sie mit einigen grünen Pinselstrichen Akzente auf die Kiepe. Mit verdünnter weißer Farbe werden der Augapfel des Hasen, die Ohren und die Zehen an den Vorder- und Hinterläufen angedeutet. Beide Folienhälften werden bemalt. Damit die Farbe nicht so lange feucht ist, womöglich verwischt, mit einem Haarfön einfach trocknen.

Der Kupferhase erhält Form

Die beiden bemalten Hasenhälften werden nun Schritt für Schritt – an den Ohren beginnend – aufeinander geklebt. Dazu legen Sie eine Hasenhälfte mit der bemalten Seite nach unten auf den Tisch. Das naturfarbene Leinenband, an dem der Hase später aufgehängt werden soll, wird nun mit der Heißklebepistole auf der Innenseite der

Mit der spitzen Bleistiftspitze lassen sich Ohren, Augen, Mund und Kiepe in die ausgeschnittene Metallfolie eingravieren. Das Hasenfell deuten Sie durch kreisende Bewegungen mit einem runden Bleistiftende an.

Ohren geklebt. Dann legen Sie die zweite Hasenhälfte mit der bemalten Seite nach oben zeigend paßgenau auf die untere und kleben die Ohren bis zum Kopfansatz aufeinander.

Achtung: Kupferfolie leitet Wärme. Im ersten Moment kann die Folie heiß sein. Trotzdem ist es wichtig, zügig weiterzuarbeiten, da der Heißkleber schnell erkaltet.

Bis auf die Ohren und die Vorderpfoten wird der restliche Hasenkörper mit Heu gefüllt. Deshalb darf die Folie auch nur an den Rändern der Hasenfigur aufeinandergeklebt werden. Mit einem dicken Strahl aus der Heißklebepistole fügen Sie den Hinterkopf und das Nackenstück zusammen. Die festgeklebte Partie nun gut festhalten, eventuell eine flache Zange zu Hilfe nehmen, und in den Kopf Heu stopfen. Mit einem Stöckchen läßt sich das Heu bequem in alle Ecken des Hasenkörpers schieben.

Damit die Kupferfolie nicht so stark glänzt, grundieren Sie die Hasenhälfte auf der rechten Seite mit stark verdünnter brauner Abtönfarbe. Mit schwarzer, weißer und grüner Abtönfarbe Akzente setzen.

Beide Hasenhälften aufeinanderlegen und zwischen die Ohren der beiden Folien mit der Heißklebepistole das Juteband zum Aufhängen kleben. Die Außenränder des Kopfes ebenfalls aufeinanderkleben und den Kopf mit Heu füllen.

Die Oberkante der Kiepe wird nicht zugeklebt. Hier etwas Heu herausdrücken. Zwischen die Läufe des Kupferhasen mittig den etwa 40 cm langen Holzstab kleben.

Ist der Kopf mit Heu gefüllt, wird die vordere Hasenkopfpartie mit Heißkleber zugeklebt. Dabei darf ruhig etwas Heu aus den Nähten herausschauen. Dann die Ränder der unteren Rückenpartie, des unteren Drittels der Kiepe und des Bauches zusammenfügen. Die Vorderpfoten werden völlig aufeinandergeklebt und nicht gefüllt. **Achtung:** Die waagerechte Oberkante und zwei Drittel der oberen Kiepe bleiben zunächst offen.

Den Korpus nun mit Heu füllen. Dies erfordert etwas Fingerspitzengefühl, da der Hase von beiden Seiten seine plastische Form erhalten soll. Der Hals muß etwas dünner gearbeitet werden und der Bauch etwas dicker. Die obere Kante der Kiepe bleibt dabei offen. Das Heu wird soweit herausgedrückt, daß es einige Zentimeter aus dem Korb zu sehen ist. Auch seitlich darf Heu aus den oberen zwei Drit-

Die Läufe des Hasen auf den Reisig setzen. Das dickere Ende des Reisigbündels mit Draht auf dem Holzstab am Hasenhinterteil fixieren. Dann den Reiser über die Vorderläufe zurück zum Hinterteil schlagen und die Spitze des Reisigbündels dort festdrahten.

Das Reisignest
anschließend mit
Heu, Moos, Rinde
und Ähren füllen.
Die Kükeneier in
die Kiepe kleben.

teln der Kiepe herausschauen. Es wird einfach zwischen die beiden Hasenhälften geklebt; jedoch nur bis zur oberen Kiepenkante. Die waagerechte Seite der Kiepe bleibt offen.

Ist der Korpus mit Heu gefüllt, werden nur noch die oberen Läufe des Hasen geklebt und mit Heu gefüllt. Das Hasenhinterteil bleibt zunächst offen. Zwischen die Läufe wird nun ein etwa 40 cm langer Naturholzstab gelegt, beispielsweise ein dickerer Reisigstab oder ein Rundholz. Das Holz dabei mittig anordnen, so daß es an beiden Enden etwa gleich lang herausschaut. Erst jetzt kleben Sie das Holz zwischen die Läufe.

Ein Reisignest für den Hasen

Die überstehenden Enden des Naturholzes dienen dazu, der Dekoration aus Birkenreisern, Heu, Ähren, Moos und Rinde Halt zu geben. Ein etwa 80 cm langes Bündel aus Birkenreisern wird zunächst um die Läufe des Hasen gelegt. Dazu legen Sie einige 80 cm lange Birkenreiser zusammen und umwickeln sie am dickeren Ende mit schwarzem Wickeldraht. Die Drahtrolle nicht abschneiden! Auf

das Büschel Birkenreisig setzen Sie nun die Läufe. Das hervorstehende Naturholz am Hinterteil des Hasen wird anschließend mit dem verdrahteten Ende des Birkenreisigs umwickelt. Und zwar so, daß der Reisig das Naturholz verdeckt und etwa 10 cm übersteht. Dann die Spitzen der Reiser von hinten über die Vorderläufe nach vorne und zurück zum Hinterteil ziehen, wo die Reiser wieder mit dem Draht zu fixieren sind. Mit der Rosenschere lassen sich die Reisig-Enden auf eine Länge kürzen.

Sind die Birkenreiser nicht lang genug, legen Sie mehrere Reisigbündel schuppenweise versetzt aufeinander und binden sie locker mit Wickeldraht fest. So ziehen Sie den Draht einfach mit. Wichtig ist, daß die Schlaufe des Reisigs um die Vorderläufe weit genug ist und daß das überstehende Naturholz etwas verdeckt wird. Ist zuviel von dem Naturholz zu sehen, schneiden Sie es mit der Rosenschere passend ab. Die Schlaufe aus Reisig wird nochmals mit Draht auf dem Naturholz befestigt. Überstehende Reiser abschneiden und im Büschel verweben.

Nun wird das ovale Reisignest mit etwa zwei Handvoll Heu gefüllt. Dazu drücken Sie das Heu an beiden Seiten zwischen die Reisigzweige. Etwas Platz für kleine Moosflächen lassen, die ebenfalls in den Reisig geschoben werden. Mit der Heißklebepistole etwas Birkenrinde aufkleben. Acht bis zehn getrocknete Weizenähren zum Schluß kreuz und quer durch das Birkenreisignest schieben.

Sackleinenschleife binden

Ist das Nest für den Hasen fertig, binden Sie die Sackleinenschleife. Die Schleife besteht aus drei verschiedenen Bändern in unterschiedlicher Breite. Worauf es beim Schleifenbinden ankommt, ist ausführlich im Anhang, Seite 98, „Einfach schöne Schleifen binden" erklärt.

Zunächst binden Sie aus dem 50 cm langen Sackleinen eine Schleife. Die Mitte mit Wickeldraht fixieren. Auf diese Sackleinenschleife wird anschließend die gelbe Juteschleife gedrahtet. Etwa in 50 cm Länge halten Sie das gelbe Juteband zwischen Daumen und Zeigefinger fest. Die Schlaufen für die Schleife werden aus den restlichen 80 cm Band gebunden. Dazu legen Sie aus jeweils 16 cm Band eine Schlaufe und eine Gegenschlaufe. In der Schleifenmitte mit

Draht umwickeln und leicht versetzt auf die Sackleinenschleife aufdrehten. Aber nur einmal mit Draht umwickeln. Das reicht.

Nun eine Schleife mit vier Schlaufen aus dem 2 m langen gelben Satinband binden. Dazu das Band in 50 cm Länge zwischen Daumen und Zeigefinger halten. Die Schlaufen werden aus dem restlichen Band gelegt. Siehe auch im Anhang Seite 99 „Schleife aus einem Band".

Diese Satinschleife leicht versetzt auf die Juteschleife legen und einmal mit Draht umwickeln. Auf etwa 15 cm Länge den Draht abschneiden und die Draht-Enden mehrmals auf der Rückseite der Schleife miteinander verdrehen.

Die Sackleinenschleife nun direkt hinter dem Hinterteil des Hasen auf das Reisignest drahten. Und zwar so, daß die Schleifenbänder auf beiden Seiten des Hasen herunterhängen. Den Draht unter dem Reisig verknoten.

Zum Schluß die Kiepe mit drei ausgeblasenen Eiern füllen. Dafür eignen sind allerdings nur kleine Kükeneier. Mehr passen nicht in die Kiepe. Sie werden mit Heißkleber auf dem Heu befestigt. Ein braunes, ausgeblasenes Hühnerei ziert, direkt vor die Schleife geklebt, das Osternest des Hasen. Hinweise zum einfachen Ausblasen von Eiern und Bemalen sind im Anhang „Eier ausblasen und bemalen" auf Seite 92 zu finden.

Tip Diese freihängende Dekoration schmückt mehrere Wochen in der Osterzeit – und darüber hinaus auch noch im nächsten Jahr, denn dann läßt sich der Kupferhase wieder hervorholen. Lediglich vergilbtes Heu oder Moos sind auszutauschen, und schon gibt es wieder eine Osterdekoration „So ganz nach Hasen-Art".

Zur Dekoration erhält der Hase eine Schleife aus mehreren Bändern. Aus Sackleinenband eine Schleife legen. Darauf die gelbe Juteschleife und zum Schluß die gelbe Satinschleife binden.

Ob österlich auf einem Tisch oder auf der Terrasse dekoriert – der Hahn im Reisigkranz ist ein Arrangement für das ganze Jahr.

Kräht der Hahn früh am morgen

Eine vielseitige Dekoration für die Fensterbank oder für eine Nische im Haus ist der Hahn im Reisigkranz. Birkenreiser, Heu, Steckmasse und ein altes Gefäß sind die Grundbestandteile. Geschmückt wird mit Bastbändern, Rinde, bunten Eiern und einem bemalten Hahn aus Sperrholz. Diese Dekoration ist lange haltbar, weil kein frisches Naturmaterial verwendet wird. Der Kostenaufwand beträgt etwa 8 DM. Das Besondere an dieser Dekoration: Mit einigen Handgriffen läßt sich die österliche Aufmachung in eine Dauerdekoration verwandeln, die im Sommer die Wohnung ziert. Dazu werden Hahn und Ostereier gegen Marienkäfer ausgetauscht und der Reisigkranz mit Efeu berankt. Aber noch ganz andere Dinge lassen sich aus dieser Dekoration zaubern – lassen Sie sich überraschen …

Hahn aussägen und bemalen

Zunächst aus Sperrholz den Hahn aussägen und bemalen. Dazu die Hahn-Schablone auf die Sperrholzplatte übertragen. Mit der Laubsäge den Hahn aussägen, die Rundungen mit Schleifpapier glattschleifen. Dann wird der Hahn von beiden Seiten bemalt und mit Tapetenschutz lasiert. Eine ausführliche Anleitung über Laubsäge- und Malarbeiten auf Sperrholz wird im Anhang auf der Seite 104 „Arbeiten mit der Laubsäge" und auf Seite 106 „Malen auf Sperrholz" gegeben.

Der Hahn hat aufgrund seines Federkleides einige schwierige Ecken zum Aussägen. Ist die Hahnschablone auf dem Holz übertragen, wird zuerst der Zwischenraum zwischen den Füßen ausgesägt. Sind die Füße nämlich erst einmal ausgeschnitten und sägt man dann den Zwischenraum heraus, brechen die Füße schneller ab.

Anschließend die Außenkanten des Hahns mit Schleifpapier glattschleifen. Dann den Hahn von beiden Seiten nacheinander bemalen. Die gelbe, braune, rote, schwarze

Material:

1 Block Steckmasse	1 bemaltes Gänseei (Anleitung siehe Anhang, Seite 95 „Eier mit Ährenmotiv")
16 x 24 cm Sperrholzplatte (4 mm dick)	
	1 Flachpinsel
Abtönfarbe (rot, gelb, schwarz, weiß, braun)	1 Haarpinsel Nr. 1
	Laubsäge, mittleres bis grobes Schleifpapier, Heißklebepistole, Bleistift, Bastelschere, Rosenschere, schwarzer Binde- bzw. Wickeldraht
Tapetenschutzlasur	
etwa 50 Bastbänder (60 cm lang)	
Birkenreiser	
Birkenrinde	1 beliebiger Topf (aus Ton, Steingut, Keramik oder ein alter Kupferkessel)
Moos	
Stroh	
Heu	
2 Stützdrähte	Hahn-Schablone (siehe Seite 18)
2 Puteneier	

und weiße Abtönfarbe auf einen Teller geben. Für den Hahn benötigen Sie einen Ockerton, den sie aus brauner und gelber Farbe mischen können. Ein Glas Wasser zum Auswaschen der Pinsel bereitstellen.

Zuerst werden Hals und Brustpartie bemalt. Dann der Körper mit Federkleid. Anschließend die Füße und zum Schluß den Kopf mit Lappen und Kamm. Damit der Hahn ein möglichst natürlich wirkendes Federkleid bekommt, müssen Sie die unterschiedlichen Farben in einem Pinselstrich auf die Sperrholzplatte übertragen. Die Farben auf keinen Fall miteinander vermischen. Dazu den Flachpinsel zuerst in die angemischte Ockerfarbe tauchen und dann nacheinander in Rot, Gelb, Schwarz und Braun. Dann die Farbe in einem Pinselstrich vom Nacken bis zum Rücken auf die Sperrholzplatte streichen. Farbnuancen erhalten Sie, wenn Sie für Brust und Federkleid mehr dunklere Töne verwenden. Tips für diese effektvolle Maltechnik sind im Anhang „Malen auf Sperr-

Die Hahn-Schablone aus dem Schnittmuster auf die Sperrholzplatte übertragen, den Hahn mit der Laubsäge aussägen und die Kanten glattschleifen.

Zuerst die Hals- und Brustpartie aufmalen. Wichtig ist, daß Sie mit dem Flachpinsel nacheinander in die verschiedenen Farben tauchen und diese in einem Pinselstrich auf die Sperrholzplatte streichen.

Sind beide Seiten des Sperrholzhahns bemalt und trocken, mit dem Flachpinsel dünn Tapetenschutzlasur auftragen. Anschließend trocken fönen und die Rückseite lasieren.

holz" auf Seite 106 genau erklärt. Beim Bemalen oberen Nacken und untere Brustpartie etwas heller halten. Die Füße werden aus gelber, brauner und ockerfarbener Abtönfarbe bemalt. Anschließend erhalten die Füße noch Hahnsporen. Dazu setzen Sie einige gelbe Querstreifen auf die Füße.

Der Kopf erhält sein Gesicht

Zum Schluß wird der Kopf gemalt. Mit einem Pinselstrich lassen sich dann die Farbansätze des Federkleides sauber überstreichen. Zuerst rote Farbe in die Zacken des Hahnenkammes setzen, dann den Kamm ausmalen. Dazu den Pinsel unterhalb des Schnabels ansetzen und in einem Schwung über das angrenzende Federkleid nach oben ziehen. Mit dem Lappen unterhalb des Schnabels genauso verfahren.

Nun den Schnabel ausmalen. Den Pinsel in gelber und roter Farbe tauchen und zu einem Orange mischen. Dann den Schnabel ausmalen. Mit einem orangen Pinselstrich wird anschließend der Kopf von Kamm und Lappen farblich abgesetzt. Dazu mit dünnem Pinselstrich vom oberen Schnabel in Richtung Hinterkopf unterhalb der Kämme eine Rundung ziehen. Den Pinsel nochmals ansetzen. Vom unteren Schnabel mit dem Pinsel einen runden Bogen zum Hinterkopf ziehen, so daß ein Oval entsteht.

Farbeffekte in Federkleid setzen

Jetzt wird das Gesicht aufgemalt. Dazu einen Haarpinsel in der Größe Nr. 1 verwenden. Den Haarpinsel in schwarze Farbe tauchen und mit dünnem Pinselstrich Schnabel, Kopf-Oval, Augen und den kleinen Hahnenlappen andeuten. Den Pinsel auswaschen und mit weißer Abtönfarbe den Augapfel ausmalen. Mit dem restlichen Weiß im Pinsel dünne Farbeffekte in das Federkleid setzen. Dann einen gelben Tupfer in das Auge malen und mit schwarzer Farbe die Pupille andeuten. Die Farbe mit dem Fön trocknen, bevor Sie anschließend die Rückseite des Hahns bemalen. Abschließend den Hahn mit Tapetenschutz lasieren. Die Lasur nur dünn mit einem Flachpinsel auftragen und trocken fönen. Fertig ist der Sperrholzhahn.

In Ihr Gefäß stellen Sie mittig den Block Steckmasse und füllen die Zwischenräume mit Heu auf. Wichtig ist, daß das

Für die Dekoration läßt sich ein beliebiger Topf verwenden. Mittig die Steckmasse hineinstellen und die Zwischenräume mit Heu auffüllen.

Einen Strang Birkenreiser etwa 10 cm von der Reisigspitze entfernt mit schwarzem Bindedraht umwickeln. Immer neue Reiser anlegen und in handbreiten Abständen zusammenbinden.

Heu stramm im Topf sitzt, damit der Reiserkranz später Halt hat. Nun wird ein etwa 1,5 m langer Kranz aus Birkenreisern gefertigt. Aber **Achtung:** Die Proportionen müssen stimmen. Wenn Sie ein größeres oder kleineres Gefäß verwenden, muß der Kranz entsprechend größer bzw. kleiner gefertigt werden. In der Regel müssen die Proportionen im Längenverhältnis von $1/3$ Topf zu $2/3$ Kranz stehen.

Birkenreiserkranz im Topf

Zuerst nehmen Sie einen Strang Birkenreiser in die Hand und umwickeln diesen mit schwarzem Binde- bzw. Wickeldraht etwa 10 cm von der Reisigspitze entfernt zusammen. Der Birkenreisigkranz wird nicht völlig mit Draht umwickelt. Lediglich in handbreiten Abständen binden Sie den Birkenstrang mit Draht fest. Der Draht braucht dazu nicht abgeschnitten zu werden. Er wird immer mitgeführt.

Der Kranz muß gleichmäßig dick gearbeitet werden. Bei Bedarf legen Sie rechtzeitig immer wieder neue Birkenreiser an. Während des Verdrahtens wird der Reisigstrang bereits kräftig gebogen. Zwischendurch sollten Sie den Kranz immer mal auf die Steckmasse stellen und überprüfen, ob er bereits groß genug ist.

Ist der Kranz auf die gewünschte Länge gearbeitet, legen Sie Anfang und Ende jeweils an der ersten bzw. letzten Verdrahtung nebeneinander und binden diese zusammen. Dann den Kranz zu einem Oval biegen und senkrecht mit den Endstücken auf die Steckmasse stellen. Zwei Stützdrähte mittig biegen und damit den Kranz wie eine Art Haarnadel auf der Steckmasse fixieren. Die Endstücke des Reisigs dürfen etwas über dem Gefäßrand stehen. Den Rest mit der Rosenschere abschneiden.

Bastbänder und Hahn aufbinden

Dekoriert wird nun mit Bastbändern und dem bemalten Hahn. Die verdrahteten Stellen des Reisigkranzes werden mit Bastbändern dekoriert. Dazu nehmen Sie jeweils etwa 5 bis 7 lange Bastbänder (etwa 60 cm lang). Diese legen Sie mittig von vorne auf den Kranz, führen die Enden nach hinten, überkreuzen sie dort, bringen die Bänder wieder auf die Vorderseite und verknoten sie zweimal. Die Enden auf etwa 4 cm abschneiden und stehen lassen.

Den Reisigkranz an den Enden miteinander verdrahten und senkrecht auf die Steckmasse im Topf stellen. Zwei Stützdrähte mittig biegen und damit den Kranz auf der Steckmasse fixieren.

Tip Der Reisigkranz im Topf läßt sich auch herbstlich dekorieren. Den Hahn durch kleine Früchte ersetzen, die man ebenfalls aus Sperrholz schneidet und bemalt.

Anschließend wird der Hahn aufgebunden. Zuvor erhält er ein Nest aus Stroh. Dazu ein Büschel Stroh mittig mit Binde- bzw. Wickeldraht umwickeln. Das Ende des Drahtes einige Zentimeter überstehen lassen. Auf das Strohbüschel die Beine des Hahns legen und mit der Drahtrolle fixieren. Dann ein weiteres Büschel Stroh vor die Füße des Hahns legen und festdrahten. Dieses Gesteck nun auf den Reiserkranz binden, und zwar im oberen Drittel des Kranzes auf die rechte oder linke Seite. Unter den Hahn aus etwa 15 cm langen Bastbändern eine große Schleife binden und die Enden herunterhängen lassen.

Das Gefäß nun österlich dekorieren. Dazu ein Moospolster bündeln, andrahten und in den Topf stecken. Das Stück Birkenrinde kann ebenfalls angedrahtet und in die Steckmasse gesetzt werden. Heu darf aus dem Gefäß herausschauen. Darauf lassen sich dann gut einige Ostereier plazieren. Wer das in der Dekoration abgebildete Gänseei mit Ährenmotiv nacharbeiten möchte, findet im Anhang auf Seite 95 „Eier mit Ährenmotiv" eine genaue Anleitung.

Die verdrahteten Stellen des Kranzes mit Bindebast umwickeln. Hahn und Stroh auf den Kranz drahten. Den Topf mit Eiern, Moos, Stroh und Rinde ausstaffieren.

Alternative
mit Marienkäfern

Kontrastreich wirkt der rote Marienkäfer auf dem grünen Efeu und Heu.

Der Hahn im Reisigkranz läßt sich gut zu einer frischen Dauerdekoration umfunktionieren. Dazu werden lediglich der Hahn mit Bastschleife und die Eier entfernt. Ersetzt werden diese Teile durch 4 kleine und 1 großen Marienkäfer, rotes Schleifenband und zwei Efeupflanzen.

Die Marienkäfer-Schablonen sind auf Seite 24 abgebildet. Ein Marienkäfer besteht aus dem Körper und zwei Flügeln. Die Umrisse der Schablone mit Bleistift auf das Sperrholz zeichnen und mit der Laubsäge ausschneiden. Die Ränder abschleifen. Dann den Körper von beiden Seiten mit schwarzer Abtönfarbe bemalen und am Kopf mit feinem weißen Pinselstrich die Augen andeuten. Die Flügel mit roter Farbe und mit schwarzen Punkten versehen. Wenn alles getrocknet ist, die Flügel leicht nach außen zeigend mit der Heißklebepistole auf den Körper kleben. Abschließend die Marienkäfer mit der Tapetenschutzlasur bestreichen und trocknen lassen.

Marienkäfer auf Schleifenband kleben

Das 2 m lange, rote Schleifenband wird in der Mitte durchgeschnitten. Die Schleifenbänder kleben Sie nun mit der Heißklebepistole mittig auf die Rückseite von zwei klei-

Der Reisigkranz läßt sich in wenigen Handgriffen zu einer Dauerdekoration mit Marienkäfern und Efeupflanzen verwandeln. Aber das Gießen nicht vergessen.

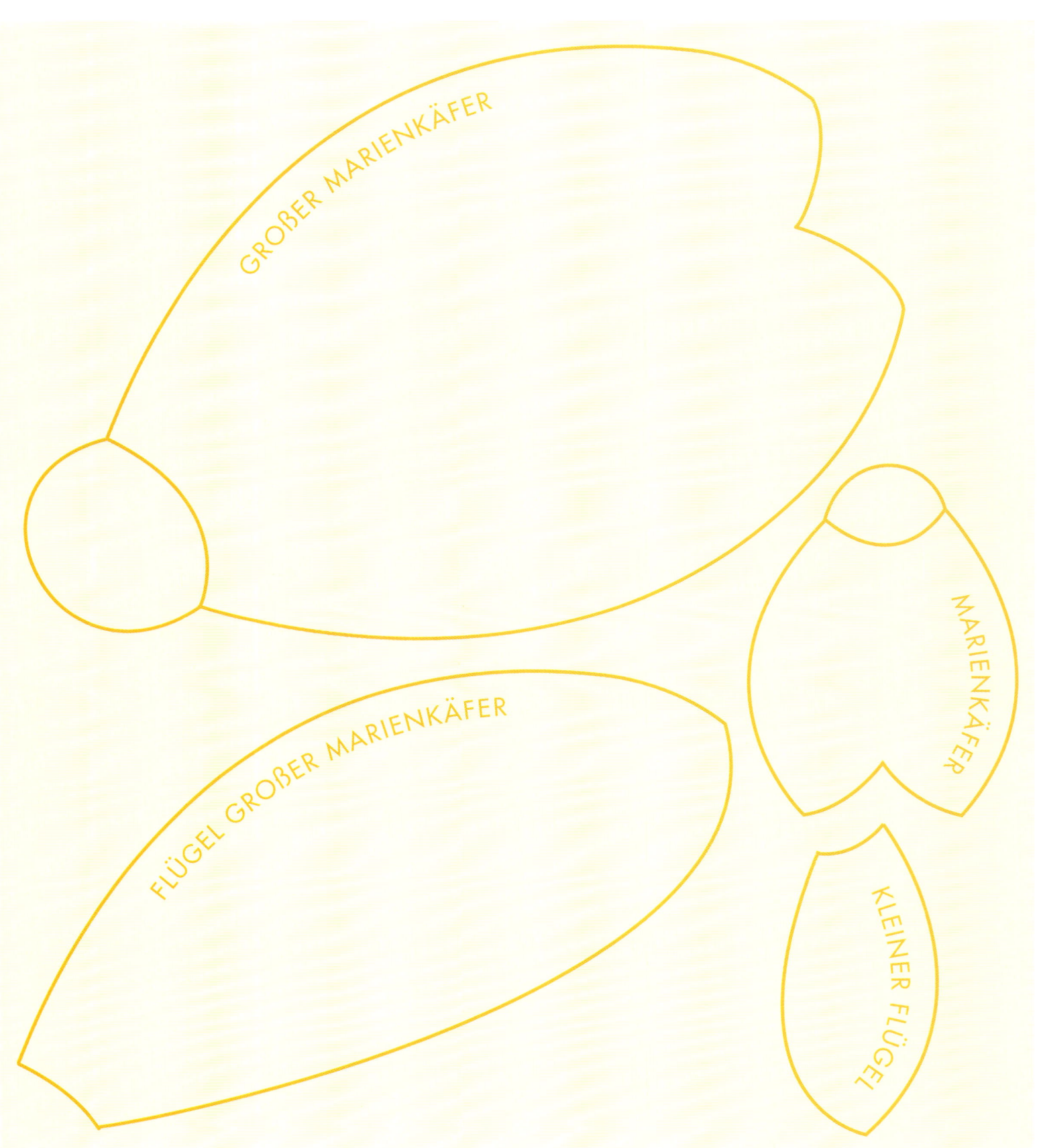

nen Marienkäfern. Diese lassen sich dann bequem auf den Reisigkranz binden. Das rote herunterhängende Schleifenband dekoriert zusätzlich.

Damit der Reisigkranz immer von frischem Grün umrankt wird, zwei Efeupflanzen mit Topf in das Gefäß setzen. Dazu etwas Heu herausnehmen und eine Efeupflanze vor den Kranz und die andere hinter den Kranz stellen. Wichtig ist, daß dabei die Steckmasse mittig stehen bleibt. Die Efeuranken nun um den Birkenkranz schlängeln. Den Topfboden mit Moos und Birkenrinde verdecken. Dann formen Sie runde Heubüschel, drahten diese an und stecken sie ins Gefäß.

Efeu gießen nicht vergessen

Den Reisigkranz können Sie jetzt beliebig mit den Marienkäfern dekorieren. Der große Marienkäfer sollte im

Tip Die Marienkäfer lassen sich für die sommerliche Dekoration im nächsten Jahr aufbewahren oder zu einer tollen Geschenkidee verwandeln. Dazu alle Käfer auf der Rückseite mit beliebig langem Schleifenband versehen. Geschenke werden jetzt nicht mehr in Papier verpackt, sondern mit individueller Marienkäferschleife überreicht.

unteren Drittel des Kranzes plaziert werden. Die Käfer ohne Schleifenband werden einfach mit der Heißklebepistole auf den Kranz oder auf das Moos im Gefäß geklebt. Wenn Sie länger etwas von dieser sommerlichen Dekoration haben möchten, sollten Sie das Gießen nicht vergessen. Es läßt sich aber auch immer wieder mit einigen Efeuranken nachhelfen, die man zusätzlich um den Kranz windet.

Material:

30 x 30 cm Sperrholzplatte
(4 mm dick)

2 m rotes Schleifenband

2 Efeupflanzen im Kulturtopf

1 große und 4 kleine Marienkäfer-Schablonen
(siehe Seite 24, Korpus und Flügel)

Dieses Tisch-
gebinde läßt
nicht nur die
Kaffeetafel
österlich erschei-
nen. Den ganzen
Frühling über
schmückt dieser
Tischstab.

Frühlingsgrüße auf den Tisch

Dieses Gesteck verleiht jedem Frühstücks- und Kaffeetisch ein österliches Ambiente. Dabei ist das Tischgebinde mit der feinen Satinschleife eine besonders edle Dekoration. Auch ist dieser Tischstab über die Osterzeit hinaus zu verwenden. Entfernen Sie einfach Hase und Eier und schon haben Sie einen Dauerschmuck für Tisch oder Truhe. Das Schleifenband ist das teuerste an der Dekoration. Mit rund 15 DM kommt man jedoch aus, wenn lediglich Satinband, Holzstäbe, Farbe und Sperrholz gekauft werden müssen.

Blütenmotive bemalen und anstielen

Auf den 1 m langen Holzstab (1,5 bis 2 cm Durchmesser) grüne Farbe auftragen, trocknen lassen und den Stab anschließend mit Tapetenschutz lasieren. So wird der Holzstab Feuchtigkeit gegenüber unempfindlich. Aus der Sperrholzplatte die Blüten und den Hasen sägen. Dazu die Schablonen auf die Sperrholzplatte übertragen und die Figuren aussägen. Den Hasen einmal und die Blüten jeweils zweimal aussägen, glattschleifen, mit Abtönfarbe beidseitig bemalen und mit Tapetenschutz lasieren. Tricks und Tips für diese Malarbeiten finden Sie im Anhang „Malen auf Sperrholz" auf Seite 106.

Für den Hasen benötigen Sie braune, schwarze und weiße Abtönfarbe. Den Pinsel tauchen Sie nacheinander in brauner und in etwas schwarzer Farbe und tragen dann in einem Pinselstrich die Farbe auf. Lichteffekte im Hasenfell erzielen Sie mit einigen weißen Pinselstrichen. Die Konturen und das Hasengesicht zeichnen Sie mit schwarzer Farbe und einem dünnen Haarpinsel. Die großen Tulpenblüten werden nach dem gleichen Prinzip mit gelber und weißer Abtönfarbe ausgemalt. Die Schneeglöckchen werden mit weißer und lindgrüner Farbe aufgezeichnet. Die Veilchen malen Sie mit blauer und schwarzer Farbe aus. Die einzelnen Blütenblätter deuten Sie mit einem weißen Pinselstrich an. In die Blütenmit-

Material:

1 Rundholz (6 mm Durchmesser)	6 Kükeneier	grün, weiß, schwarz)	Wickeldraht, Schleifpapier, Bastelschere,
30 x 30 cm Sperrholzplatte (4 mm dick)	Bastband	Tapetenschutzlasur	Rosenschere, Laubsäge, Bleistift, Heiß-
	Moos	1 Flachpinsel	klebepistole
1 m Holzstab (1,5 bis 2 cm Durchmesser)	Heu	1 Haarpinsel Nr. 1	**Schablonen für Hase, Tulpe, Schneeglöck-**
	Buchsbaum	Messing- bzw. Golddraht	**chen und Veilchen**
2 m gelbes Satinband (11 cm breit)	Birkenrinde		(siehe Seite 28 und 29)
	Abtönfarbe (gelb, blau, braun,	schwarzer Binde- bzw. Wickeldraht, grüner	

te noch einige gelbe Punkte setzen. Damit die Sperrholzblüten und der Sperrholzhase in den Frühlingsstecken eingearbeitet werden können, erhalten sie einen Stiel. Dazu das 1 m lange Rundholz mit lindgrüner Abtönfarbe bepinseln und trocknen lassen. Dann den Stab in vier 13 cm lange Stücke und in drei 16 cm lange Stücke sägen. Nun die Rundhölzer

SCHNEEGLÖCKCHEN (2x)

TULPE (2x)

VEILCHEN (2x)

Den Holzstab mit lindgrüner Abtönfarbe bestreichen. Die bemalten Sperrholzblüten über die Länge des Stabes verteilen und die Stellen mit Bleistift markieren. Dann büschelweise Heu, Moos, Rinde und Buchsbaum auf den Stab drahten.

auf die Rückseiten der Blüten und des Hasen kleben. Die beiden großen Tulpen und der Hase erhalten die längeren Rundhölzer als Stiel. Das Rundholz sollte gut 11 cm überstehen. Bei den Veilchen und Schneeglöckchen benötigen Sie nur gut 9 cm Stiel. Zum Schluß alle Teile mit Tapetenschutz lasieren.

Material und Motive aufbinden

Bevor Sie nun mit den Bindearbeiten beginnen, verteilen Sie die Blüten und den Hasen auf dem Stock und markieren die Stellen mit Bleistift. So verschaffen Sie sich einen Überblick. Die Blüten dürfen ruhig paarweise angeordnet sein. Die erste Tulpenblüte wird etwa 18 cm unterhalb der Spitze eingebunden. Etwa 7 cm darunter werden die beiden Schneeglöckchenblüten gelegt. In der Mitte des Stabes findet der Hase seinen Platz, darunter die zweite Tulpenblüte und schließlich die beiden blauen Veilchenblüten.

Achtung: Der Stab wird nicht völlig umwickelt. Am Ende ungefähr eine Handbreit freilassen. Schließlich sollen Sie die Tischdekoration auch ohne Mühe transportieren können. Das ist beim Auslegen der Sperrholzfiguren zu berücksichtigen.

Der Stock wird abwechselnd mit Heu, Moos, Baumrinde und Buchsbaum umwickelt. Dazu legen Sie die Materialien büschelweise auf und befestigen sie mit grünem Draht. Wenn der Stock etwa 18 cm lang umwickelt ist, die erste Tulpenblüte auflegen und zweimal fest mit Draht fixieren. Dann mit

Die Sperrholzblüten an den markierten Stellen mit Draht auf den Stab fixieren. Als Polster etwas Heu unter die Blüten legen.

Aus einem Büschel Heu formen Sie anschließend ein Nest, stabilisieren es mit Messingdraht und befestigen es mit einem gebogenen Stück Bindedraht auf den Tischstrang.

Zum Schluß arbeiten Sie etwa 20 cm vom Stock-Ende entfernt einen Zweig Birkenreisig ein, schlagen ihn über die Dekoration und drahten ihn dann fest. Kükeneier in die Heunester kleben und eine Schleife aus Bindebast auf den Stab arbeiten.

Moos, Heu, Rinde und Buchsbaum weiterarbeiten. Zwei Heu-Nester für die Eier formen. Dazu jeweils ein Büschel Heu in die Hand nehmen und mit dem Daumen mittig eine Vertiefung drücken. Dann den Heubüschel immer wieder um seine eigene Achse drehen und dabei ein rundes Heu-Nest formen. Mit Golddraht wird das Heu-Nest fixiert. Dazu den Golddraht mehrmals um das Nest herumlegen. Wichtig dabei ist, daß der Draht immer wieder durch die Vertiefung geführt wird. Mit dem Daumen halten Sie den Draht einfach fest. Die Draht-Enden im Heu verschwinden lassen. Dann ein Stück Wickeldraht durch den Boden des Nestes ziehen und zu einem U biegen und abschneiden. Das verdrahtete Heu-Nest läßt sich nun auf den Tischstab binden.

Damit die Blüten und der Hase gut zur Geltung kommen, drahten Sie immer ein gutes Polster aus Heu darunter. Die Blüten sollten etwas seitlich und schräg angeordnet werden. So sieht das Gesteck von allen Seiten gut aus, und die Stiele schauen nicht hervor. Zwischendurch das zweite Heu-Nest einarbeiten. Etwa 20 cm vom Stock-Ende entfernt wird Birkenreisig eingearbeitet. Dazu einen Strang Birkenreiser am unteren Ende mit Draht umwickeln und auf das Tischgebinde drahten. Es wird später einfach nach oben über das fertig gebundene Gebinde geschlagen und an der Reisigspitze mit Draht befestigt. Ein weiterer Strang Reisig wird in 20 bis 25 cm lange Stücke geschnitten. Diese aufeinanderlegen, mittig mit Draht fixieren und quer auf das Gebinde drahten. Mit Büscheln aus Heu weiterarbeiten.

Gelbe Satinschleife legen

Aus dem 2 m langen gelben Satinband eine Schleife legen. Die Bindetechnik ist ausführlich im Anhang „Einfach schöne Schleifen binden: Schleife aus einem Band" auf Seite 99 erklärt. Die Schleife wird einzeln gebunden und mit separatem Wickeldraht befestigt.

Das gelbe Satinband liegt in der rechten Hand, es hängen etwa 50 cm Band seitlich an einem Ende herunter. Mit diesen 50 cm Band wird nicht gearbeitet. Nun wird die erste Schlaufe gelegt, und zwar aus etwa 15 cm Satinband. Dazu das Band in der rechten Hand etwas ankräuseln und dann zwischen Daumen und Fingern festhalten. Darauf achten, daß die glänzende Seite des Satinbandes oben liegt.

Für die Schleife aus fünf Schlaufen etwa 50 cm Band hängen lassen und aus 15 cm Band die erste Schlaufe legen. In der rechten Hand ankräuseln und aus weiteren 15 cm Band eine Gegenschlaufe legen.

Dann nehmen Sie mit der linken Hand die nächsten 15 cm des langen Bandes, drehen die glänzende Seite nach oben, legen eine Schlaufe und kräuseln diese an.

Nun werden beide Schlaufen an ihrer gekräuselten Stelle übereinandergelegt, um sie hier mit Wickeldraht zu fixieren. Dabei plazieren Sie die linke Schleife mit der zusammengerafften Stelle unterhalb der gekräuselten Stelle der Gegenschlaufe. Diese Stellen jetzt aufeinanderlegen, festhalten und zweimal mit Wickeldraht festdrahten. An einem Ende muß der Drah⁻ etwa 15 cm überstehen, er wird später zum Aufbinden der Schleife auf die Dekoration benötigt. Fertig ist die erste Schleife (siehe Foto). Die zweite Schleife besteht aus größeren Schlaufen und wird hinter der ersten Schleife gearbeitet. Dazu nehmen Sie etwa 20 cm Satinband, kräuseln das Band zu einer Schlaufe und legen es hinter die rechte Schlaufe. Diese Schlaufe mit Zeige- und Mittelfinger festhalten. Dann wird die Gegenschlaufe aus weiteren 20 cm Satinband gelegt und wie vorher mit der gekräuselten Stelle unterhalb der rechten Schlaufe plaziert und zweimal mit

Wickeldraht festgedrahtet. Aus dem Satinband läßt sich nun noch eine dritte Schleife binden oder eine große Schlaufe. Dazu aus 40 cm Satinband eine Schlaufe legen, kräuseln und hinter die beiden Schleifen legen, mit Draht umwickeln. Es reicht, wenn Sie die Mitte der Schleifen nur zwei- bis dreimal mit Draht umwickeln und diesen gut festziehen. Dann den Draht auf etwa 15 cm abschneiden. Nun die fertige Schleife am unteren Ende der Bindearbeiten aufdrahten. Unterhalb des Hasen mit doppelt gelegtem Bastband eine Schleife binden. Den Reisigstrang mit Draht aufbinden. Weiße und braune Kükeneier – auf dem Gebinde verteilt – mit Heißkleber befestigen. In die beiden Heu-Nester ein Ei legen.

Tip Sie können auch beliebig bemalte Eier verwenden. Da frisches Moos, Buchsbaum und Reiser verwendet werden, legen Sie zum Schutz vor Pflanzensaft etwas Frischhaltefolie oder einige Servietten unter den Stab.

Ostertüte auf die Schnelle

Die Ostertüte ist eine schöne Dekoration zum Aufhängen. Sie wird aus Tonpapier und geschöpften Papier geklebt. Statt geschöpftem Papier läßt sich auch Rupfenstoff oder alter Gardinenstoff verwenden. Noch einfacher geht es mit einer ausrangierten Schultüte, die Sie mit einfarbigem oder frühlingshaftem Geschenkpapier bekleben. Gefüllt wird die Tüte mit Zeitungspapier, Heu, Moos, Buchsbaum, Rinde, bemalten Eiern und Osteraccessoires wie Papier-Karotten, Hasen oder Osterglockenblüten. Dekoriert wird mit einer großen Schleife aus mehreren Bändern.

Das benötigen Sie:

Tonpapier (60 x 90 cm), Schöpfpapier (70 x 100 cm), je 1,5 m langes gelbes Juteband, gelbes Satinband, gelb-weiß kariertes Band, gelb gestreiftes Band, 3 bis 4 Bastbänder (60 cm lang), Heu, Moos, Rinde, Buchsbaumzweige, bemalte Eier, österliche Accessoires, Heißklebepistole, Bastelschere.

Zuerst eine Zuckertüte rollen

Zunächst wird aus dem Ton- und Schöpfpapier eine Tüte gerollt. Das Tonpapier gibt dem geschöpften Papier zusätzlichen Halt. Legen Sie das Schöpfpapier mit der rechten Seite nach unten vor sich auf den Tisch. Darauf legen Sie nun das Tonpapier, und zwar so, daß es am unteren Ende bündig liegt und an den beiden Seiten sowie am oberen Ende das Schöpfpapier übersteht. Jetzt mit der Heißklebepistole die untere Kante des Tonpapiers und die beiden Seitenkanten jeweils bis zur Mitte aufkleben.

Anschließend wird eine Tüte gerollt. Dazu die rechte Hand auf das Tonpapier legen. Dann führen Sie die linke untere Ecke des Tonpapiers mit der linken Hand zur oberen Kante des innenliegenden Tonpapiers, so daß ein Dreieck entsteht. Siehe dazu Zeichnung auf der nächsten Seite. An der oberen Kante steht noch Schöpfpapier über. Dann legen Sie mit der rechten Hand das rechteckige Papierfeld über das Dreieck und erhalten so eine Tüte.

Mit der Heißklebepistole kleben Sie anschließend das kleine verbleibende Dreieck auf die gerollte Tüte. Das überstehende Schöpfpapier an der Tütenöffnung wird nun nach innen geknickt und ebenfalls mit der Heißklebepistole befestigt.

Tüte füllen und dekorieren

Um die Tüte später aufhängen zu können, mit der Schere vorsichtig zwei Löcher in die Spitze der Tüte bohren. Die Löcher sollten waagerecht und etwa in 7 cm Abstand voneinander angebracht werden. Dann ziehen Sie 3 bis 4 beliebig lange Bastbänder oder Schleifenbänder von außen durch ein Loch und fädeln die Bänder durch das zweite Loch wieder nach außen. Dort die Bänder verknoten.

Etwa bis zu einem Drittel wird die Ostertüte mit Zeitungspapier gefüllt. Darauf legen Sie Heu und Moos, Rinde, Buchsbaum und dekorieren mit bemalten Eiern und österlichen Accessoires. Damit die bemalten Eier nicht herausfallen, können sie auch mit der Klebepistole befestigt werden.

Üppig wirkt eine Schleife aus mehreren Bändern. Dazu ein gelbes, 1,5 m langes Juteband mittig auf die Rückseite der Tüte kleben. Auf der Vorderseite verknoten und anschließend drei weitere Schleifenbänder und Bastband auf das untere Band aufbinden. Mit dem unteren gelben Juteband wird jede einzelne Schleife verknotet. Auf die letzte Schleife können Sie auch noch ein Büschel Heu oder etwas Buchsbaum legen und dann mit der unteren gelben Juteschleife fixieren. Hilfreiche Tips für das Schleifenbinden sind im Anhang „Einfach schöne Schleifen binden" auf Seite 98 erklärt. Wer mag, kann in die herunterhängenden Schleifenbänder auch noch einige Knoten setzen.

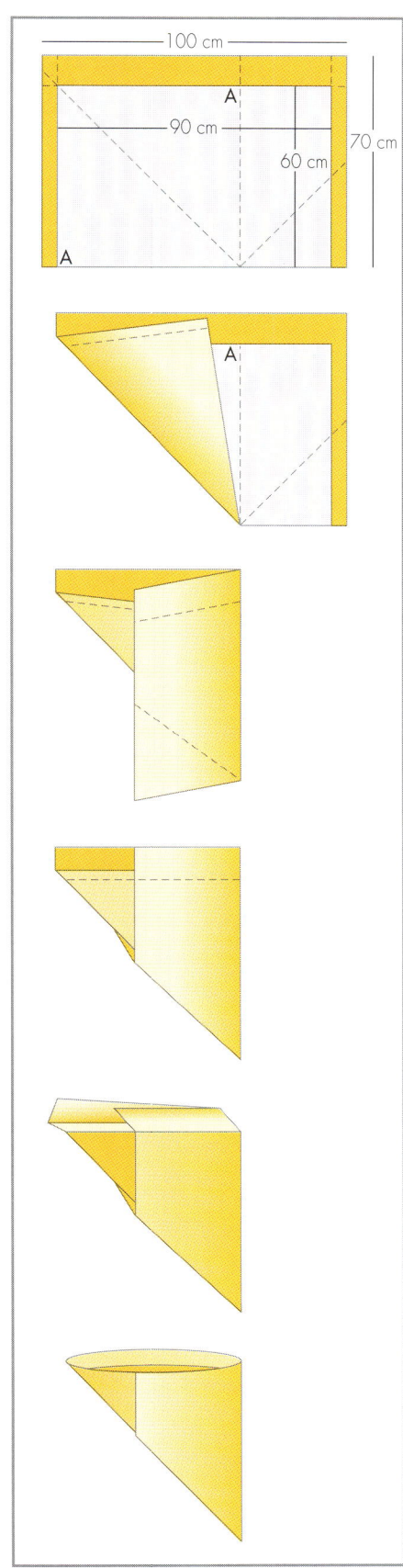

Das Tonpapier, wie abgebildet, auf das Schöpfpapier legen. Den unteren Punkt A auf Punkt A oben rechts legen. Dann das rechte entstandene Rechteck um die Tüte legen und festkleben. Zum Schluß das überstehende Schöpfpapier nach innen knicken.

Die Ostertüte ist schnell angefertigt und aufgehängt oder liegend sehr dekorativ.

Huhn Trude am Stock ist eine wunderschöne beidseitige Dekoration, die man einfach an die Wand lehnt, vor eine Schranktür stellt oder auch in einen mit Buchsbaum bepflanzten Kübel steckt.

„Gestatten – Mein Name ist Trude"

An die Wand gelehnt oder freistehend in einen Kübel gestellt, ziert das stolze „Huhn Trude" Räume und Terrassen. Wer leichte Näharbeiten nicht scheut, kann sich für rund 15 DM das rustikale Huhn selber anfertigen. Verwendet werden Naturmaterialien, die leicht zu besorgen sind. Der Kopf von Huhn Trude besteht aus bemalter Sperrholzplatte. Der Rumpf wird aus Sackleinen genäht und mit Heu gefüllt. Ein Rundholz verleiht dem Huhn Größe. Bunte Schleifenbänder und Ähren geben dieser Wanddekoration einen besonderen Pfiff.

Kopf und Rumpf fertigen

Auf die 11 x 14 cm große Sperrholzplatte die Konturen des Kopfes übertragen. Die Schablone ist in Originalgröße auf dem Schnittmuster abgebildet. Mit der Laubsäge den Kopf aussägen. Was beim Umgang mit der Laubsäge zu beachten ist und wie Sperrholz effektvoll bemalt wird, ist im Anhang auf Seite 104 genau erklärt. Die Außenränder des ausgesägten Kopfes mit Schleifpapier glattschleifen.

Das Gesicht wird auf beide Sperrholzseiten mit Abtönfarben aufgemalt. Zuerst mit roter Farbe den Kamm und die Halspartie mit Lappen unter dem Schnabel zeichnen. Um verschiedene Farbnuancen zu erhalten, tauchen Sie den Flachpinsel nacheinander in rote und dann in gelbe Farbe und tragen diese in einem Pinselstrich auf. Die Farben jedoch nicht mischen. Mit dem Haarpinsel zeichnen Sie nun Auge und Schnabel auf und grenzen das Kopfteil mit schwarzem Pinselstrich von Kamm und Halsteil ab. Anschließend die Farbe mit dem Haarfön trocken und dann auf der anderen Rückseite das Gesicht aufmalen.

Ist die Farbe gut getrocknet, wird das Gesicht mit Tapetenschutz lasiert. Mit einem sauberen Flachpinsel überstreichen, mit dem Haarfön trocknen.

Der Rumpf von „Huhn Trude" wird aus Sackleinen genäht. Dazu die Schablone im Schnittmuster auf den doppelt gelegten Rupfenstoff übertragen und den Rumpf ausschnei-

Material:

1,10 m langes Rundholz (2,5 bis 3 cm Durchmesser)

80 x 80 cm naturfarbener Rupfenstoff

11 x 14 cm Sperrholzplatte (4 mm dick)

1 ausgeblasenes, defektes Ei

ca. 20 Getreideähren (mit langem Stiel)

Abtönfarbe (rot, gelb, braun, schwarz, weiß)

3 Bastbänder (1,5 m lang)

50 cm naturfarbenes Sackleinen (15 cm breit)

1,5 m gelbes Juteband (3,5 cm breit)

1,5 m rotes Juteband (2,5 cm breit)

1,5 m grünes Satinband (2,5 cm breit)

Tapetenschutzlasur

Nähgarn

Nähmaschine

Heu

Buchsbaum

1 Flachpinsel

1 Haarpinsel Nr. 1

Laubsäge, mittel bis grobes Schleifpapier, schwarzer Binde- bzw. Wickeldraht, Bastelschere, Bleistift, Heißklebepistole, Haarfön

Schablone für Kopf und Rumpf (siehe Schnittmuster)

Der Rumpf von „Huhn Trude" wird aus Rupfenstoff genäht. Der Kopf besteht aus bemalter Sperrholzplatte. Etwa 1 cm Stoff am Hals wird nach innen geschlagen. Dann den Kopf hineinstecken und mit der Heißklebepistole festkleben.

eine saubere Kante zu erhalten. Sitzt der Sperrholzkopf richtig im Rupfenhals, auf den Halsrand Heißkleber aufbringen und festkleben. Dazu den 1 cm großen Stoffumschlag auf den Sperrholzhals festkleben. Mit der anderen Halsseite genauso verfahren. Vorsicht: Die heiße Klebe nicht mit den Fingern berühren.

Den Korpus mit Heu füllen

Anschließend füllen Sie den Rupfenstoffkörper mit Heu. Mit einem kleinen Stock läßt sich das Heu besser in alle Winkel des Stoffes verteilen. Zuerst formen Sie den Hals. Damit der rote Halsansatz von der Sperrholzplatte nicht durch den Rupfenstoff schimmert, das Heu beidseitig um die Holzplatte stopfen. Gefüllt wird anschließend die Brustpartie, dann eine dünne Schicht unterhalb der Rückenpartie und schließlich die Schwanzpartie.

Nun stecken Sie mittig das Rundholz in den Korpus und füllen bis zur späteren Einschnürung mit Heu auf. Wichtig ist, daß beim Füllen des Rumpfes keine Löcher entstehen. Der Korpus muß stramm mit Heu gefüllt sein. Unterhalb des Rumpfes schnüren Sie mit 3 Bastbändern in einer Länge von 1,5 m den Rumpf zu. Die Enden des Bastbandes hängen lassen. Sie werden später zum Aufbinden der Schleifen benötigt.

Ähren und Schleifen anbringen

Anschließend werden die Getreideähren und Schleifen aufgebunden. Dazu schneiden Sie vom Bindedraht etwa 30 cm ab. Dann werden etwa 20 getrocknete Getreideähren mit dem restlichen Binde- bzw. Wickeldraht unterhalb der Ähren zusammengebunden. Diesen Draht jedoch nicht abschneiden. Die Enden der Halme auf etwa 30 cm Länge inklusive Ähren kürzen. Die abgeschnittenen Resthalme werden mittig mit dem 30 cm langen Draht umwickelt und auf etwa 25 cm gekürzt.

Unter das Getreideährensträußchen legen Sie nun ein Büschel getrocknetes Heu und verdrahten es einmal. Dann legen Sie das Sträußchen mit den Ähren, schräg zum Schnabel zeigend, unterhalb des Rumpfes auf das Rundholz und befestigen es mit Draht. Darauf plazieren Sie die angedrahteten Resthalme entgegengesetzt mit einem Halmende

den. Dabei den Fadenverlauf des Rupfens beachten, damit sich der Stoff später beim Füllen nicht zieht. Die Stoffteile etwa 2 cm von der Außenkante aufeinandernähen. Lediglich Hals und untere gerade Kante müssen offen bleiben. Dann ziehen Sie den Rumpf auf rechts und streichen die Rundungen mit den Fingern aus.

Den Sperrholzkopf stecken Sie nun so weit in die Öffnung des Stoffhalses, bis der Stoff vorne bis zum „Kinn", Lappen genannt, und direkt am Nacken sitzt. Wichtig ist dabei, daß Sie etwa 1 cm Stoff am Hals nach innen schlagen, um

Mit Bindedraht fixieren Sie anschließend die Getreideähren auf das Huhn. Dazu 20 getrocknete Halme unterhalb der Ähren mit Draht zusammenschnüren. Die Halme auf 30 cm abschneiden. Resthalme mittig mit Draht umwickeln und schräg versetzt auf die Einschnürung der Ähren legen.

Anschließend das Huhn prall mit Heu füllen. Sind Rücken- und Schwanzpartie mit Heu ausgestopft, stecken Sie mittig das Rundholz in den Körper. Weiter bis zur Einschnürung füllen und dann mit Bastbändern abbinden.

nach rechts oben zeigend und befestigen es wieder mit Draht. Nun etwa drei Buchsbaumzweige auflegen und mit Draht umwickeln. Dann die Schleifenbänder anbringen. Wie man diese Schleifen aufeinanderbindet, ist im Anhang auf Seite 98 „Einfach schöne Schleifen binden" ausführlich erklärt.

Zuerst aus den 50 cm Sackleinen eine Schleife binden. Dazu das Band ausbreiten und die beiden Enden jeweils zur Bandmitte legen, so daß sie hier einige Zentimeter überein-anderliegen. Dann diesen Schnittpunkt ankräuseln und zwei-mal mit Wickeldraht fixieren. Etwa 15 cm Draht stehen las-sen. Nun aus dem 1,5 m langen gelben Juteband eine Schleife legen. Das Band etwa in der Mitte in die Hand neh-

Das Ährensträußchen mit Buchsbaum und Heu ausstaffieren. Nun aus den vier Schleifenbändern eine große Schleife binden und mit den Bastbändern festknoten.

men. Aus ungefähr 16 cm Band eine Schlaufe legen und mit Daumen und Zeigefinger fixieren. Aus dem anderen Bandende ebenfalls eine Schlaufe legen und ein Stück weit unterhalb der anderen Schlaufe plazieren. Diese Schleifen waagerecht auf die Sackleinenschleife legen und einmal mit Wickeldraht fixieren.

Mit Bastbändern die Schleifen aufbringen

Aus dem grünen Satinband ebenfalls eine Schleife legen und diese auf der gelben Juteschleife festmachen. Die grüne Satinschleife wird jedoch leicht schräg versetzt aufgebunden. Nun die rote Satinschleife binden und nochmals leicht versetzt auf der grünen Schleife fixieren. Die Schleifen brauchen immer nur einmal fest mit Draht umwickelt zu werden. Das genügt. Zum Schluß die fertige Schleife zweimal mit Bindedraht umwickeln und den Draht auf etwa 15 cm abschneiden.

Mit den Drahtenden die Schleife anschließend auf die Buchsbaumzweige drahten. Jetzt verknoten Sie alles zweimal mit den Enden der Bastbänder. Dann aus den Bastbändern ebenfalls eine große Schleife binden. Zur Dekoration lassen sich in den Schleifen-Enden noch einige Knoten setzen.

Natürlich legt „Huhn Trude" auch Eier. Als letzten Pfiff klebt man ein ausgeblasenes braunes Ei auf die Buchsbaumzweige und stößt die Schale ein wenig auf.

Zum Schluß noch ein ausgeblasenes angeknicktes Ei auf die Schleifenbänder kleben.

Tip Ohne Rundholz gearbeitet, liegt „Huhn Trude" auch hervorragend auf einer Fensterbank. Nicht nur zur Osterzeit schmückt diese zeitlose Dekoration dann Haus und Terrasse. Bis in den Spätherbst darf „Huhn Trude" aufwarten.

Österlicher Buchsbaum

Hier eine Dekoration, die im Handumdrehen zu fertigen ist. Wer einen mit Buchsbaum oder mit einer kleinen Konifere bepflanzten Tontopf besitzt, kann diesen mit Weidenzweigen, Schleifenbändern, Heu und Eiern österlich dekorieren. Dieser Topf schmückt dann Hauseingang oder Terrasse und kann bei trockenem Wetter gut draußen stehen bleiben. Kosten fallen lediglich für Schleifenbänder, Bastband und etwas Bindedraht an. Der Buchsbaum im Tontopf hat in unserem Beispiel eine Gesamthöhe von gut 50 cm. Die fertige Dekoration hat später eine Höhe von etwa 1,50 m. Wenn Sie ebenfalls Koniferen oder Buchsbaum in Gefäßen verwenden, sollten Sie die Proportionen von Gefäßhöhe zum Gesteck beachten. In der Regel wirkt ein Größenverhältnis von $1/3$ zu $2/3$ am besten.

Das benötigen Sie:

Für einen Topf von etwa 40 cm Durchmesser und 30 cm Höhe, wie auf dem nebenstehenden Foto zu sehen, benötigen Sie 12 Weidenzweige in etwa 1,3 m Länge. Dann sollten Sie etwa drei Handvoll Heu, Moos, einige Zweige Buchsbaum, ein kleines Stück Rinde sowie bunte Ostereier besorgen. Mit 7 Bastbändern (1,5 m lang), 50 cm Sackleinen (15 cm breit, natur) und jeweils einem roten, gelben und blauen Satinband in 1,5 m Länge sowie Wickeldraht wird das spätere Weidengerüst dekoriert.

Zunächst bündeln Sie jeweils vier Weidenzweige zusammen und legen etwa 15 cm von den oberen Weidenspitzen entfernt Moos an. Dieses schrittweise mit Wickeldraht fixieren. Etwa 20 cm vom Ende des Weidenstranges entfernt kein Moos mehr aufwickeln, da dieses Ende in die Erde gestellt wird. Mit den beiden anderen Weidensträngen genauso verfahren. Die mit Moos umwickelten Zweige nun in gleichen Abständen mit dem unteren freien Ende in die Erde drücken. Es entsteht eine Art Dreieck. Die Zweige oberhalb des Moos-

ansatzes mit Draht zusammenbinden. Auf den Draht die sieben Bastbänder zweimal verknoten und die Enden herunterhängen lassen. Dann die Schleife binden. Dazu erst eine Unterlage fertigen. Ein Büschel Buchsbaum, etwas Baumrinde und Heu aufeinanderlegen und mit Wickeldraht verdrahten. Darauf die Schleifenbänder wickeln. Zuerst aus dem 50 cm langen Sackleinen eine Schleife legen und einmal mit Draht umwickeln. Darauf die blaue, die gelbe und schließlich die rote Schleife binden. Tips und Tricks beim Schleifenbinden sind im Anhang „Einfach schöne Schleifen binden: Schleifen aus mehreren Bändern", Seite 101 erklärt.

Die Schleife nun auf das Bastband legen, mit den herunterhängenden Bändern einen Knoten setzen und dann eine Schleife aus Bastband binden. Den Topf mit Heu auslegen und mit bunten Eiern dekorieren. Fertig.

Eine raffinierte Dekoration für die Terrasse ist dieser österlich geschmückte Kübel mit Buchsbaum.

Erntedank

Mit Rosen-
blättern gefüllt
schmückt die
dezent duftende
Schleife nicht
nur Getreide-
gestecke.

Dezent duftende Schleife

Vielseitig läßt sich diese Duftschleife verwenden. Ob als dekorativer Anhänger am Türschlüssel für den alten Dielenschrank oder als Schmuckstück in einem Getreidegebinde gearbeitet – diese Schleife ist etwas Besonderes. Breites Sackleinen und Satinband werden zu Schleifen genäht und mit getrockneten Rosenblüten, -blättern und Ackerschachtelhalm sowie Heu gefüllt. Farblich abgestimmt sind weitere Schleifenbänder eingearbeitet und zu einer großen dekorativen Duftschleife gelegt. Diese Schleife ist eine Dauerdekoration für das ganze Jahr und kostet rund 15 DM.

Schleifenbänder nähen und füllen

Als erstes werden aus dem Sackleinen und dem breiten Satinband Schleifen genäht und gefüllt. Zunächst legen Sie das 60 cm lange und 20 cm breite weinrote Sackleinen vor sich hin. Dann schlagen Sie die Enden des Bandes jeweils 15 cm zurück zur Mitte und nähen mit der Nähmaschine oder per Hand die obere und untere Kante im Abstand von 1 cm vom Rand zu. So entstehen zwei Taschen.

Häufig ist das Sackleinen mit einem Kettelband aus Synthetik versehen. Dieses Band ziehen Sie vorsichtig seitlich heraus. Die gefransten Seiten werden bis auf 1 cm abgeschnitten. Anschließend füllen Sie die beiden Taschen mit getrockneten Rosenblüten, -blättern und Ackerschachtelhalm.

Auf dieselbe Art und Weise nähen Sie jetzt die weinrote Satinschleife. Dazu 50 cm vom 1,5 m langen und 11,5 cm breiten Satinband abschneiden. Das Satinband hat eine matte und eine glänzende Seite. Beim Nähen der Schleife deshalb darauf achten, daß die matte Seite des Bandes auf dem Tisch liegt. Die Enden des Bandes werden 12,5 cm zurück zur Mitte geschlagen und die Seitennähte abgenäht. Anschließend ziehen Sie die Taschen auf rechts und füllen diese mit Heu.

Nun die gefüllten Taschen zu einer Schleife drahten und

Material:

60 cm weinrotes Sackleinen (20 cm breit)

1,5 m langes weinrotes Satinband (11,5 cm breit)

1 m weißes Spitzenband (3,5 cm breit)

1 m weinrot kariertes Leinenband (3,5 cm breit),

1 m weinrotes Tüllband (2,5 cm breit)

50 cm weißes gehäkeltes Netzband (12 cm breit)

weinrotes Nähgarn

Nähnadel oder Nähmaschine

grünes Heu

getrocknete Rosenblüten

Rosenblätter

10 getrocknete Rosenblüten am Stiel

Ackerschachtelhalm

Haferähren

Triticaleähren

Weizen- und Gerstenähren

Weizenkörner

1 Glasgefäß (30 cm hoch)

Bastband, Messing- bzw. Golddraht, weinroter Wickeldraht,

1 Stützdraht, schwarzer Binde- bzw. Wickeldraht, Rosenschere, Bastelschere

getrocknete Sternrenetten (beim Floristen oder im Gartenfachhandel erhältlich)

die weiteren Schleifenbänder aufarbeiten. Zuerst wird die größere Sackleinenschleife geschlossen. Dazu die Öffnung einer Tasche etwas in die der anderen schieben. Dabei krümmt sich die Tasche an den Außenkanten ein wenig nach

Aus dem weinroten Sackleinen und dem Satinband jeweils zwei Taschen nähen. Diese mit Rosenblüten bzw. Heu füllen.

Die gefüllten Taschen zu einer Schleife drahten. Dazu die Öffnung einer Tasche etwas in die andere schieben. Die Mitte zusammenraffen und mit weinrotem Wickeldraht fixieren. Den Draht noch nicht abschneiden. Weinrotes Tüllband zum Aufhängen anbringen.

oben. Dann raffen Sie die Mitte etwas zusammen und drahten sie mit weinrotem Wickeldraht fest. Den Draht nicht abschneiden. Mit ihm werden alle weiteren Schleifen und Schlaufen aufgebunden.

Bänder aufbinden und verzieren

Auf diese Sackleinenschleife binden Sie nun das Tüllband. Dazu aus dem 1,5 m langen Band mittig eine etwa 13,5 cm lange Schlaufe legen, diese auf die Mitte der Sackleinenschleife plazieren und mit dem Wickeldraht einmal fixieren. An der weinroten Tüllschlaufe läßt sich die Schleife später aufhängen.

Anschließend legen Sie, leicht schräg versetzt, eine Schleife aus dem weißen gehäkelten Netzband auf. Hilfreiche Tips zum Thema „Schleifen binden" finden Sie im Anhang auf Seite 98.

Dann die genähte weinrote Satin-Heuschleife ebenfalls schräg versetzt auflegen und verdrahten. Aus dem restlichen 1 m weinroten Satinband mittig eine Schlaufe binden und diese auf die Mitte der Satinschleife drahten. Die Enden herunterhängen lassen. Aus dem 1 m karierten Leinenband eine Schleife legen und leicht versetzt auf die unteren Schleifen plazieren. Mit dem weinroten Wickeldraht verdrahten. Zum Schluß aus dem 1 m langen weißen Spitzenband eine Schlaufe legen und diese mittig auf die karierte Schleife setzen. Die Enden herunterhängen lassen. Noch eine getrocknete Rosenblüte in die Mitte der Schleife legen und einmal verdrahten.

Schleifenbänder erhalten letzten Pfiff

In die beiden Enden des weinroten Satinbandes lassen sich noch Akzente setzen. Dazu das Band in der Mitte und am Ende mit Messing- bzw. Golddraht abbinden. Damit auch das weinrote Tüllband und das karierte Band nicht einfach so herunterhängen, werden die Bänder über einen Blei-

---

Tip Mit einigen Tropfen Rosen- oder anderem Duftöl, die Sie auf die Sackleinenschleife träufeln, duftet die Schleife erst richtig intensiv.

Das Getreidegebinde wird aus verschiedenen Getreidesorten gebunden. Die sogenannte Basis des Gesteckes bildet die Mitte, die zuerst gearbeitet wird. Dazu nehmen Sie 50 bis 60 Weizenähren und umwickeln sie unterhalb der Ähren einige Male mit schwarzem Wickeldraht. Aber Vorsicht: Den Draht nicht zu stramm ziehen, sonst knicken die Ähren ab. Den Draht nicht abschneiden.

Anschließend bündeln Sie mit extra Wickeldraht etwa 30 Ähren Triticale und ordnen den Bund etwas höher und leicht rechts hinter dem Weizenbund an. Einmal mit Draht umwickeln. Weitere 30 Triticale-Halme zu einem Bund legen und diesen links hinter dem Weizenbund plazieren und verdrahten. Die Ähren dürfen ruhig etwas nach außen zeigen.

Aus 50 bis 60 Gerstenhalmen zwei weitere Bunde drahten. Achtung: Gerstenähren knicken besonders schnell ab. Mit einigen Patenthaften lassen sich diese aber wieder in die richtige Position bringen. Ein Gerstenbund links oberhalb der Triticale andrahten. Das zweite rechts neben dem Wei-

Für das Stilleben mit Getreidestrauß legen Sie aus verschiedenen Getreidearten ein Gebinde. Mit Bastband abbinden und mit getrockneten Rosen dekorieren.

Auf die Sackleinenschleife leicht schräg versetzt eine Schleife aus dem gehäkelten weißen Netzband drahten. Darauf die Satinschleife binden sowie eine karierte Leinenbandschleife und das Spitzenband.

stift gerollt. Den Bleistift herausziehen. So hält die Drahteinlage im Band die Form. Zusätzlich lassen sich noch einige getrocknete Rosenblüten auf Golddraht binden und an der Schleife befestigen. Die Schleife wird an der weinroten Tüllschlaufe aufgehängt.

Stilleben mit Getreidestrauß

Wer die Schleife noch anders dekorieren möchte, kann in den Sommer- und Herbstmonaten aus dem vollen schöpfen. Getrocknete Getreideähren sind ideal für solch ein Stilleben mit der Duftschleife.

zenbund. 25 bis 30 Haferähren zu einem Bund legen und diesen mittig unterhalb der Weizenähren mit Draht fixieren. Ein kleines Bund aus 20 bis 25 Weizenähren unterhalb der Ähren mit einem Bastband abbinden. Dieses Weizenbüschel hoch und schräg links hinter dem Weizenbund arbeiten, so daß es deutlich hervorsticht.

Einen farblichen Tupfer in das Getreidegebinde gibt ein Büschel Rosen. Dazu 5 bis 6 getrocknete Rosen am Stiel in das Getreidegebinde stecken und verdrahten. Zum Schluß mit Wickeldraht das Getreidegebinde unterhalb der Ähren abbinden und den Draht abschneiden. Die Halme etwa 10 cm darunter ein zweites Mal verdrahten. Überstehende Getreidehalme mit der Rosenschere auf eine Länge kürzen. Den schwarzen Bindedraht mit Bastband überdecken. Dazu einige Bänder um den Draht wickeln und die Enden verknoten.

Tip Herbstlich dekoriert, paßt das Getreidegebinde sehr gut in ein Glasgefäß, dessen Öffnung nach oben hin größer wird. Dazu das Gebinde schräg in das Gefäß – bis zu einem Drittel mit Weizenkörnern gefüllt – stellen, so verrutscht das Gesteck nicht in der Glasvase. In das Gefäß zur Dekoration noch getrocknete Sternrenetten legen. Einen Apfel verdrahtet man mit Stützdraht und steckt ihn in das Getreidegebinde. Unterhalb der Ähren läßt sich nun noch die Duftschleife aufdrahten. Fertig ist das Stilleben. Übrigens: Das Getreidegebinde, im Glas dekoriert, zeigt auch so schon seine Wirkung.

Getrocknete Rosenblüten auf Messingdraht wickeln und damit die duftende Schleife schmücken. Bereits so schmückt die Schleife – an einen Schlüssel gehängt – vor Dielenschränken.

Ein Kugelblitz aus Stroh

Schöne, selbstgefertigte Dekorationen müssen nicht aufwendig sein. Schnell und einfach ist diese Strohkugel anzufertigen. Lediglich Stroh, Draht und Trockenblumen sind dafür erforderlich. Auf eine große Schale mit Getreidekörnern, Trockenblumen und getrockneten Äpfeln plaziert, schmückt die Strohkugel so manchen Fußboden oder Tisch.

Das benötigen Sie:

Weizen- oder Gerstenstroh, 20 bis 30 getrocknete Weizen-, Roggen- oder Haferähren, getrocknete Sonnenblumenblüten, getrocknete Orangenscheiben, Lavendel, Frauenmantel, getrocknete blaue Levkojenblüten, getrocknete Stern-renetten (im Blumenfachgeschäft erhältlich), 1 große flache Schale, Weizenkörner, schwarzer Binde- bzw. Wickeldraht, Messing- bzw. Golddraht und Flachzange.

Als erstes formen Sie aus dem Weizenstroh eine beliebig große Strohkugel und umwickeln diese mit schwarzem Wickeldraht. Dann legen Sie noch eine Schicht Stroh auf die Kugel und fixieren diese mit Golddraht. Nun werden nach und nach – gut verteilt – die Zutaten wie getrocknete Sonnenblumenblüten, Lavendel, Frauenmantel, Orangenscheiben und getrocknete Getreidehalme auf die Strohkugel gelegt und mit Golddraht umwickelt.

Auf eine flache Schale streuen Sie nun Weizenkörner. Darauf legen Sie zum Schalenrand die Strohkugel und dekorieren die Schale mit weiteren Materialien wie Trockenblumen und Früchte. Farbliche Akzente zu der goldgelben Strohkugel und den Weizenkörnern setzen die dunkelblauen, getrockneten Levkojenblüten und das Rot der getrockneten Sternrenetten. Sie können statt dessen aber auch frische Äpfel verwenden.

Einfach und schnell ist diese dekorierte Strohkugel nachzuarbeiten.

Leuchtendgelb
strahlt dieser
Sonnenblumen-
Stecken schon
von weitem. Als
Wanddekoration
oder als Schmuck
für die Terrasse
in einen Kübel
gestellt, ziert
der Stecken
den ganzen
Sommer über.

Sommer und Sonnenblumen

Suchen Sie noch eine farbenfrohe Wanddekoration? Mit den leuchtendgelben Blüten der Sonnenblume bringt dieser Stecker Farbe ins Haus. Zwei Sonnenblumenblüten aus bemalter Sperrholzplatte werden durch einen Strang aufgebundener Trockenblumen verbunden. Auf Rundhölzern befestigt und mit Schleifenbändern dekoriert, wirkt der „sonnige Stecken" besonders gut vor dunklen Hintergründen. Vorausgesetzt, Sie haben das ganze Jahr über fleißig Blumen, Getreide und andere Naturmaterialien gesammelt und getrocknet, fallen für diese Dekoration knapp 20 DM an.

Blüten aussägen und bemalen

Zunächst werden die Sonnenblumenblüten ausgesägt. Dazu übertragen Sie die Sonnenblumen-Schablonen (Seite 50/51) auf die Sperrholzplatte. Aussägen und die Ränder mit Schleifpapier glattschleifen. Hilfreiche Tips für Laubsägearbeiten finden Sie im Anhang „Motive aus Sperrholzplatte sägen und bemalen" auf Seite 104.

Der Sonnenblumenstecken besteht aus zwei Sperrholz-Blüten; einer geöffneten Blüte und einer Blüte in knospigem Zustand. Benötigt werden hierfür gelbe und braune Abtönfarbe und ein Flachpinsel. Die Sperrholz-Blüten werden von beiden Seiten bemalt. Zunächst malen Sie mit gelber Abtönfarbe die 4 mm dicken Außenkanten der Blütenzacken aus.

Dann streichen Sie mit dem Flachpinsel die gelbe Farbe von außen nach innen. Sind einige Blütenblätter mit gelber Farbe ausgemalt, deuten Sie mit etwas brauner Farbe und dünnem Pinselstrich die Konturen der einzelnen Blütenblätter an. Dabei möglichst in die noch feuchte gelbe Farbe malen. So wirken die Blütenblätter natürlicher. Dabei den braunen Pinselstrich nicht bis zur Mitte durchziehen. In der Blütenmitte deuten Sie später mit brauner Farbe die Sonnenblumenkerne an. Die knospige Sonnenblumenblüte auf gleiche Weise bemalen und die Farbe gut trocknen lassen. Dann die bei-

Material:

2 x 1 m lange Rund-hölzer (1 cm dick)	1,5 m orange-rostfarbiges Satinband (1 cm breit)	Tapetenschutzlasur	2 Nägel (2 bis 3 cm lang mit breitem Kopf)
40 x 45 cm Sperrholz-platte (4 mm dick)	1,5 m gelbes Satin-band (4 cm breit)	3 getrocknete Sonnenblumenblüten	Hammer, schwarzer Binde- bzw. Wickel-draht, Bleistift, Bastel-schere, Heißklebe-pistole, Rosenschere, Laubsäge, Schleif-papier,
30 Bastbänder (1,20 m lang)	15 bunte gelochte Holzperlen	blaue Statice	
1,5 m Schleifenband mit Sonnenblumen-motiv (5 cm breit)	1 Flachpinsel	Ackerschachtelhalm	
	1 Haarpinsel Nr. 1	weiße Schafgarbe	2 Sonnenblumen-schablonen (siehe Seite 50 und 51)
1,5 m und 2 m gelbes Satinband (1,5 cm breit)	Abtönfarbe (gelb und braun)	Frauenmantel	
		Gemeines Knäuelgras	
		Wiesenlieschgras	
		Mohnkapseln und 5 Weizenähren	

den Rundhölzer mit gelber Abtönfarbe bestreichen, trocknen lassen und anschließend mit der Heißklebepistole auf eine Seite der Blüten aufkleben. Zum Schluß den gesamten Sonnenblumenstecken mit Tapetenschutz lasieren. Die Lasur nur dünn auftragen und alles gut trocknen lassen.

Anschließend umwickeln Sie das Rundholz unter der vollen Sonnenblumenblüte mit 2 m langem und 1,5 cm breitem gelben Satinband. Dazu das Satinband unterhalb der Blüte mit Heißkleber fixieren und das Band schräg am Stab entlang herunterarbeiten. Am Ende ebenfalls festkleben.

Nun direkt unterhalb der beiden Blüten in das Rundholz

KNOSPIGE
SONNENBLUMEN-BLÜTE

VOLLE SONNENBLUMEN-BLÜTE

be, blauer Statice, Gräsern, Mohnkaspeln usw. zurechtlegen. Damit der Strang nicht zu ausladend wird, sollten die Trockenblumen-Büschel nicht länger als 5 bis 6 cm lang sein.

Das erste Büschel unterhalb des Knotens auf den Strang legen und zweimal mit schwarzem Wickeldraht fixieren. Die weiteren Trockenblumen seitlich – rechts und links vom ersten Büschel – auf den Baststrang drahten. Jeweils nur einmal mit Bindedraht umwickeln, das genügt. Die weiteren Büschel auf gleiche Weise immer leicht nach unten versetzt aufbinden. Am Ende des Stranges restliche Bastbänder abschneiden und den Draht ebenfalls abtrennen.

Mit Getreideschleife dekorieren

Den Trockenblumenstrang hängen Sie nun am Anfang und am Ende auf die eingeschlagenen Nägel in den beiden Rundhölzern. Dekoriert wird jetzt noch mit einer Getreide-

Aus 24 Bastbändern in 1,20 m Länge einen Zopf flechten. Sind Ihre Bänder kürzer, knoten Sie einfach zwei Bänder aneinander. Die Endlänge beträgt etwa 60 cm.

einen Nagel mit breitem Kopf schlagen. Der Nagel sollte gut festsitzen, aber nicht völlig eingeschlagen werden. Denn daran wird später der Strang mit Trockenmaterial gehängt.

Für den Trockenblumenstrang werden als Grundlage 24 Bastbänder in 1,20 m Länge zu einem Zopf geflochten. Am Anfang einen Knoten setzen, überstehende Bänder abschneiden und jeweils acht Bänder miteinander verflechten. Der Strang hat etwa eine Endlänge von 60 cm. Das Ende ebenfalls verknoten. Restliche Bänder noch nicht abschneiden.

Trockenblumen auf Unterlage binden

Auf diese Bastband-Unterlage werden nun mit schwarzem Wickeldraht die Trockenmaterialien gebunden. Kleine Büschel von Ackerschachtelhalm, Frauenmantel, Schafgar-

Dann büschelweise die Naturmaterialien mit Wickeldraht aufbinden. Die Trockenblumen sollten auf 5 bis 6 cm Länge gekürzt werden. Das erste Büschel auf den Strang drahten, die nächsten rechts und links davon. Dann wieder direkt auf den Strang drahten.

Die bemalten Sonnenblumenblüten auf die bestrichenen Rundhölzer kleben. Unterhalb der Blüten einen Nagel schlagen. Gelbes Satinband um den Stab der geöffneten Blüten schlängeln und fixieren. Aus 5 Weizenähren eine Getreideschleife drahten.

schleife und einer Schleife aus verschiedenen Bändern. Für die Getreideschleife benötigen Sie etwa 5 Weizenähren mit langem Halm. Sie schneiden die Ähren auf etwa 18 cm Länge ab und umwickeln das Getreide unterhalb der Ähren mit schwarzem Bindedraht. Der Anfang des Drahtes sollte 10 cm überstehen. Er wird später zum Aufbinden der Schleife auf den Trockenblumenstrang benötigt. Die abgeschnittenen Weizenhalme ebenfalls auf 18 cm kürzen, leicht versetzt auf das Ährenbüschel legen und mit Wickeldraht fixieren. Den Draht noch nicht abschneiden.

Auf die Mitte der Getreideschleife werden jetzt einige getrocknete Sonnenblumenblätter gelegt und einmal mit Draht umwickelt. Zum Schluß eine große getrocknete Sonnenblume aufsetzen und diese ebenfalls mit Draht befestigen. Jetzt den Draht bis auf 10 cm abschneiden. Die fertige Getreideschleife unterhalb der vollen Sonnenblumenblüte auf den

Trockenblumenstrang anbringen. Die beiden Draht-Enden dazu auf der Rückseite des Stranges miteinander verdrehen. Mit der Heißklebepistole eine weitere getrocknete Sonnenblumenblüte leicht schräg unterhalb der Getreideschleife anbringen.

Bunte Schleife aus vielen Bändern

Unterhalb der knospigen Sonnenblume wird eine Schleife aus verschiedenen Bändern und Bastband mit aufgereihten Holzperlen angebracht. Die Bindetechnik für die Schleifen aus mehreren Bändern ist im Anhang auf Seite 101 erklärt.

Zuerst aus dem 5 cm breiten und 1,5 m langen Band mit Sonnenblumenmotiv eine Schleife legen. In der Mitte mit Draht fixieren, den Drahtanfang 10 cm überstehen lassen. Dann aus dem 4 cm breiten gelben Satinband eine Schleife

Den Trockenblumenstrang auf die Nägel hängen. Aus vier Bändern eine Schleife binden. Bunte Holzperlen auf das Bastband reihen.

Getreideschleife und die Schleife aus mehreren Bändern auf den Anfang bzw. auf das Ende des Trockenblumenstranges drahten. Getrocknete Sonnenblumenblüten mit der Heißklebepistole aufkleben.

binden und leicht schräg versetzt auf die Sonnenblumenschleife drahten. Aus dem 1,5 cm breiten gelben Satinband eine Schleife legen und versetzt auf die untere fixieren. Das 1 cm breite orange-rostfarbene Band ebenfalls zu einer Schleife binden und auf die unteren drahten. Zum Schluß noch eine Schlaufe aus 6 Bastbändern legen und mit dem Wickeldraht fixieren. Die Enden der Schleifenbänder dürfen

unterschiedlich lang herunterhängen. Den Draht noch nicht abschneiden. Auf die Schleife werden noch etwas Ackerschachtelhalm und eine Sonnenblume angebracht. Dazu den Ackerschachtelhalm senkrecht in die Mitte der Schleifen legen und einmal mit Draht umwickeln. Dann die Sonnenblumenblüte auflegen und mit Draht fixieren. Jetzt den Wickeldraht auf 10 cm abschneiden. Auf die herunterhängenden Bastbänder reihen Sie anschließend bunte Holzperlen auf. Damit sie über die gesamte Länge der Bänder verteilt sitzen, unterhalb der Perlen einen Knoten in das Bastband setzen. So rutschen sie nicht herunter.

Zum Schluß die Schleife unterhalb der knospigen Sonnenblume auf den Trockenblumenstrang drahten. Dazu auf der Rückseite des Steckens den überstehenden Draht miteinander verdrehen.

Tip Ist der Trockenblumenstrang einmal verblaßt, läßt sich dieser problemlos entfernen. Dann hängen Sie einfach die beiden Schleifen auf die Nägel. Sie haben nun zwei Sonnenblumenblüten, die Sie in der Wohnung verteilt plazieren können. Auf der Terrasse oder am Hauseingang in einen Kübel gestellt, leuchten die strahlendgelben Sonnenblumen schon von weitem.

Zinkwanne mit Gemüse

Im Spätsommer und Herbst können Sie im Garten aus dem vollen schöpfen. Gemüse, Kernobst, Kräuter und jede Menge Blumen stehen jetzt reichlich zur Verfügung. Haben Sie schon mal daran gedacht, mit frischem Gemüse, Kräutern und Blumen zu dekorieren? Das ist ganz einfach und sieht außerdem wunderschön aus. Worauf es noch ankommt: Ein schönes Gefäß, wie eine Zinkwanne, ein Korb, eine Schüssel oder ein Tontopf, in dem das Gemüse und die Blumen arrangiert werden.

Das benötigen Sie:

1 Gefäß Ihrer Wahl (nicht zu tief und mit einer großen Öffnung), Stroh, Steckschwamm, Schaschlikspieße, Bastband, Kartoffeln, Möhren mit Grün, Zucchini, Gurken, Äpfel, Dill, Fenchel, Brombeerranke mit Beeren, Hortensienblüten, Blütenstände der Fetten Henne, Großer Ackerschachtelhalm (im Blumenfachgeschäft erhältlich), Frauenmantel, gelbe Schafgarbe, getrocknete Getreideähren, etwas Sackleinen, Rosenschere, Bastelschere, grüner Wickeldraht.

Gemüse gut verteilt anordnen

In das Gefäß legen Sie den Steckschwamm und füllen die Seiten mit Stroh aus. So erhalten Sie eine gute Steckunterlage. Kartoffeln, Äpfel und Zucchini stecken Sie auf Schaschlikspieße. Mit dieser Art verlängertem Stiel kann das Gemüse später nicht aus der Dekoration fallen, und Sie können es in unterschiedlichen Höhen anbringen. Das Grün der Möhren binden Sie mit einigen Bastbändern ab.

Nun legen und stecken Sie die Zutaten gut verteilt in das Gefäß. Dabei sollten die Zutaten am Gefäßrand niedrig eingearbeitet werden. Das Grün der Möhren darf aus dem Gefäß hängen und Blüten überstehen. Am besten plazieren Sie zuerst die schweren und großen Früchte wie Zucchini und Kartoffeln. Dann mit dem Grün der Kräuter und den frischen Blumen auffüllen. Zur Mitte hin die Dekoration höher

arbeiten. Ein Stück angedrahtetes Sackleinen – in die Unterlage gesteckt – gibt dem Gemüsekorb einen rustikalen Flair. Zum Schluß einen Strang Strohähren quer über die Dekoration legen, die Getreidehalme ruhig knicken. Die Halm-Enden in die Strohunterlage stecken. Unterhalb der Ähren einige Male schwarzen Wickeldraht rollen. Das Drahtende so lang lassen, daß der Draht in die Steckunterlage reicht. Dann noch den Großen Ackerschachtelhalm und die Brombeerranke über die Dekoration legen.

Die obenstehende Dekoration ist nur ein Beispiel. Sie können auch andere Gemüsearten verwenden. Schön wirken ebenfalls Zierkohl, Salatköpfe, Pilze, Zwiebeln, Tomaten oder Paprika.

Gemüse, Kräuter und Obst werden in einer Zinkwanne dekoriert. Nach und nach finden sie Verwendung in der Küche.

Auf einem Tisch dekoriert wirkt das „Herz Romanze" wie ein Stilleben.

Kleine Romanze –
Ein nostalgisches Herz

Das „Herz Romanze" ist eine Dekoration für das ganze Jahr. Auf einen Schreibtisch oder Beistelltisch gelegt, wird es zu einem nostalgischen Stilleben. In den Sommermonaten schmückt das Rosenherz ein leeres Herdfeuer oder die Dielentruhe. Maschendraht gibt dem Herzen die Form, Heu das Volumen und getrocknete Rosen- und Hortensienblüten sowie Schleierkraut, Lavendel und Schleifenbänder die Ausstrahlung. Diese eindrucksvolle Dekoration ist nicht nur leicht nachzuarbeiten, auch preislich ist dieses Arrangement attraktiv. Wer lediglich Draht, Schleifenbänder und die Muschel zukaufen muß, hat für etwa 8 DM eine bezaubernde Dauerdekoration.

Ein Herz formen und füllen

Zunächst formen Sie aus dem Maschendraht einen Drahtrohling in Herzform und füllen diesen nach und nach mit Heu. Dazu knicken Sie den 1,1 m langen Maschendraht mittig um. Dann drücken Sie den Draht an der geknickten Drahtseite mittig ein und füllen schon Heu in die rechte und linke Oberseite des Herzens.

Das Herz wird von oben nach unten gearbeitet. Die noch offenen Drahtseiten des Herzens müssen Schritt für Schritt geschlossen werden. Dabei erhält das Herz seine Form. Zwischendurch wird immer wieder Heu in den Drahtrohling gedrückt. Wichtig ist, daß Sie dabei die Proportionen des Herzens überprüfen. Die Drahtseiten werden geschlossen, indem Sie jeweils den oberen Draht nach unten ziehen und die untere Drahtseite nach oben.

Der herzförmige Drahtrohling läuft nach unten spitz zu. Das Heu muß darin stramm sitzen. Für die Herzspitze schlagen Sie zum Schluß den unteren Draht der linken Seite über das Herz nach oben und verdrahten ihn hier. Dafür verwenden Sie zusätzlichen schwarzen Wickeldraht. Mit der rechten Herzseite verfahren Sie auf die gleiche Weise. Die entstandene Drahtspitze am unteren Teil des Herzrohlings schlagen Sie nach hinten auf die Rückseite des Rohlings und verdrahten ihn dort. Das Herz hat etwa ein Endmaß von 32 cm Breite und 47 cm Länge. Anschließend erhält das Heuherz eine grüne Grundlage aus Moos und grünem Heu. Dazu

Material:

1,1 m langen feinen Maschendraht (50 cm breit)	10 cm dunkelblaues Seidenband (4 mm breit)	getrockneter Lavendel	blaue Statice
2 Goldbouillondrähte Messing- bzw. Golddraht	je 1 m Seidenband (4 mm breit, mittelblau, türkisblau, lachsrosa)	Schleierkraut	Heu
		weiße Hortensienblüten	getrocknetes Moos
		rote, rosa und dunkelrote Rosenblüten	2 Stecknadeln, schwarzer Binde- bzw. Wickeldraht, dünner Binde- oder Myrtendraht, Rosenschere
1 m weißes Spitzenband (3,5 cm breit)	1 Muschel	Rosenblätter	

Aus geknicktem Maschendraht wird ein Drahtrohling in Herzform gelegt und mit Heu gefüllt. Dabei immer wieder die Proportionen überprüfen.

Die offenen Drahtseiten des Herzens schließen, indem Sie jeweils den oberen Draht nach unten ziehen und die untere Drahtseite nach oben.

Das Heuherz belegen Sie abwechselnd mit getrocknetem Moos und grünem Heu und umwickeln dies mit dünnem Binde- oder Myrtendraht.

Auf der Oberseite des Moosherzens ordnen Sie nun Rosenblüten, weiße Hortensienblüten, Schleierkraut, Statice und Lavendelblüten an. Das alles mit Messing- bzw. Golddraht befestigen.

abwechselnd getrocknetes Moos und ausgesuchtes grünes Heu auflegen und mit dünnem Binde- oder Myrtendraht umwickeln. Auf das fertige Moosherz werden anschließend die getrockneten Blüten angebracht. Was beim Schneiden, Trocknen und Aufbewahren von Blüten, Gräsern, Getreide und sonstigen Naturmaterialien zu beachten ist, erfahren Sie im Anhang auf Seite 107.

Das Moosherz wird nur auf der Oberseite mit Blüten dekoriert. Dazu legen Sie von oben nach unten abwechselnd Rosenblüten, Rosenblätter, weiße Hortensienblüten, Schleierkraut, blaue Statice und Lavendelblüten auf und umwickeln diese mit Golddraht. Das 1 m lange Spitzenband legen Sie zwischendurch auf das Herz und arbeiten das Band ein.

Mit Muschel und Lavendelsträußchen schmücken

Als zusätzliche Dekoration bekommt das Herz noch eine Muschel, ein Lavendelsträußchen und Schleifenbänder. Für das Lavendelbüschel etwa 15 bis 20 getrocknete Lavendelstiele kurz unter den Blüten und einige Zentimeter darunter zusammendrahten. Damit man den Draht nicht sieht, legen Sie nun das 4 mm breite dunkelblaue Seidenband über den Draht, stecken es an den Enden mit einer Stecknadel fest und schneiden es passend ab.

Das Lavendelbündel und die Muschel nach Belieben auf das Herz legen. Mit zwei Goldbouillondrähten das ganze Herz umwickeln. Damit befestigen Sie nicht nur die aufgelegten Teile, sondern erzielen noch einen glänzenden Effekt.

Zum Schluß knoten Sie die drei schmalen Seidenbänder zusammen und flechten sie ein Stück. In unterschiedlichen Abständen setzen Sie einige Knoten. Dann die Bänder einfach ein Stück weit unter den Golddraht schieben und über das Herzen hängen lassen.

Tip Das romantische Herz können Sie auch als dauerhafte Wanddekoration verwenden. Längere Sonneneinstrahlung läßt jedoch die Farben der Blüten verblassen. Nach etwa zwei Jahren empfiehlt es sich, die Blüten auszutauschen oder Goldflimmer über das Herz zu sprühen. Damit erhält das Herz neue Frische und einen nostalgischen Flair und – die „Kleine Romanze" schmückt weitere Jahre.

Zwischendurch das weiße Spitzenband einarbeiten. Das ganze Herz mit zwei Goldbouillondrähten umwickeln. Zum Schluß die miteinander verflochtenen Satinbänder, die Muschel und das Lavendelbündel anbringen.

An der Haustür oder am Gartentor heißt dieser geflochtene Getreidekranz willkommen.

„Erntezeit" – geflochtener Kranz

Hängt ein Türkranz aus Getreide an Gartentor oder Haustür, ist dies ein dekorativer Willkommensgruß. Aber auch als Raumschmuck an der Wand ist dieser Getreidekranz mal etwas ganz anderes. Eine separate Kranzunterlage ist nicht notwendig, da die geflochtenen Getreideähren diese ersetzen. Mit Materialien aus der Natur und Schleifenbändern ausgestattet, kostet der geflochtene Strohkranz rund 15 DM.

Kranzunterlage aus Seil und Stroh

Zuerst werden die drei 1,6 m langen Hanfseile einzeln mit Stroh umwickelt. Weizenstroh ist gelber als Gerstenstroh und sieht daher schöner aus. Rund um das Seil legen Sie Weizen- oder Gerstenstroh und umwickeln es mit Golddraht. Der Durchmesser der Stränge sollte etwa 3 cm betragen. Sind die drei Hanfseile zu Strohsträngen gewickelt, verdrahten Sie die drei Stränge am oberen Ende mit schwarzem Wickeldraht. Dann flechten Sie die Strohstränge und biegen daraus einen Kranz. Anfang und Ende des Kranzes aufeinanderlegen und mit schwarzem Wickeldraht stramm verdrahten.

Ein Kranz wirkt in sich harmonisch, wenn die Größenverhältnisse zwischen Kranzstärke und Innendurchmesser zum gesamten Außenmaß stimmen. Der Außendurchmesser des Kranzes hat nun ungefähr das Maß von 45 cm, der Innendurchmesser ist rund 25 cm groß. Durch den geflochtenen Getreidekranz schlängeln Sie anschließend das 2,5 m lange gelbe Satinband. Sie beginnen am besten rechts oder links neben den zusammengedrahteten Enden. Das Schleifenband wird dabei abwechselnd rechts und links über und unterhalb eines Stranges gezogen, so daß das Band von beiden Seiten zu sehen ist (siehe Foto auf Seite 62). Wenn Sie den Kranz nicht direkt an einen

Material:

3 fingerdicke Hanfseile (je 1,6 m lang)	getrocknete Hortensien und weiße Schafgarbe	1,2 m weißes Spitzenband (3,5 cm breit)	2,5 m gelbes Satinband (2,5 cm breit)
Weizen- oder Gerstenstroh aus einem Strohbund	2 lange Schilfgräser	1,2 m gelbes Satinband (6 mm breit)	1 bis 1,5 m gelbes Satinband zum Aufhängen
2 bis 3 Ähren von Hafer und Triticale	2 getrocknete Orangenscheiben	1,2 m orange-braunes Naturband (2,5 cm breit)	Messing- bzw. Golddraht, Patenthaften (17/30), schwarzer Binde- bzw. Wickeldraht, Stützdraht, Bastelschere, Rosenschere
4 getrocknete Sonnenblumen am Stiel (35 cm lang)	2 getrocknete Granatäpfel (im Blumenfachgeschäft erhältlich)	0,9 m oranges Band mit Ährenmotiv (4 cm breit mit Drahteinlage)	
getrockneter Rainfarn, Ackerschachtelhalm	0,5 m naturfarbenes Sackleinen (20 cm breit)		
Frauenmantel			

Drei 1,6 m lange Hanfseile mit Stroh gleichmäßig dick umwickeln und mit Messingdraht fixieren.

Die drei Strohstränge flechten und dabei zu einem Kranz formen. Anfang und Ende aufeinanderdrahten. Durch den geflochtenen Kranz das 2,5 m lange gelbe Satinband schlängeln.

langen Nagel hängen können, befestigten Sie jetzt das 1 bis 1,5 m lange gelbe Satinband am oberen Ende des Kranzes.

Schmückende Beigaben anbringen

Auf das verdrahtete Endstück des Kranzes bringen Sie nun Naturmaterialien und Schleifen an. Zunächst legen Sie das 50 cm lange Sackleinenband schräg auf die Endstücke des Kranzes. Dabei lassen Sie etwa 8 cm des Bandes über den Kranz hinausschauen und befestigen das Sackleinen zweimal mit Patenthaften – einmal an der oberen Außenkante des Kranzes, ein zweites Mal auf der Oberseite des Kranzes (siehe Foto). Das restliche Band schräg nach rechts über den Kranz führen. Auf den gesamten Kranz verteilt nun einige Getreideähren mit Grannen legen und mit Patenthaften fixieren.

Auf das Sackleinen werden jetzt die getrockneten Naturmaterialien geheftet. Zunächst ein Büschel getrockneten Ackerschachtelhalm quer auf das obere Ende des Sackleinens legen. Die Spitze des Büschels zeigt nach unten links (siehe Foto auf Seite 63 unten). Darauf mit einer Patenthafte eine Hortensienblüte heften. Etwa gegenüberliegend – also oben rechts – eine weitere Blüte anbringen. Dann ein Bündel aus ungefähr fünf Triticale-Ähren mittig mit Draht umwickeln. Dieses Bündel mit den Ähren ins Kranz-Innere zeigend aufheften.

Die weiteren Materialien, wie getrockneter Frauenmantel, Rainfarn und Schafgarbe, ebenfalls bündelweise mit Patenthaften aufklammern. Die Büschel und Einzelblüten dürfen unterschiedlich lang sein. Ein Rainfarn mit langem Stiel dabei etwas aus dem Mittelpunkt der Dekoration herausarbeiten. Genauso verfahren Sie mit zwei Sonnenblumenblüten. Während eine Blüte nur etwas ins Kranz-Innere hinein plaziert wird, ziehen Sie die zweite Sonnenblume so weit heraus, daß die Blüte auf dem unteren Kranz liegt. Die beiden Schilfblätter ebenfalls so einarbeiten, daß sie ins Kranz-Innere hängen.

Schleifen und Granatäpfel anbringen

Zwei Sonnenblumenblüten ohne Stiel heften Sie zwischen die beiden Hortensienblüten. Durch die beiden getrockneten Orangenscheiben schieben sie jeweils ein Stück Draht und fixieren die Scheiben damit auf die Dekoration. Zum Schluß werden noch die Schleifenbänder angebracht und alles mit Granatäpfeln dekoriert. In das 0,9 m lange, orangefarbene Ährenmotiv-Band mit Drahteinlage legen Sie zwei Schlaufen. Diese werden aus einem Ende gelegt, so daß nur ein Band herunterhängt (siehe Foto auf Seite 64). Die Schlaufen mit Wickeldraht fixieren, der am Anfang und am Ende auf etwa 10 cm gekürzt ist.

Dreier Schleife legen und in die Mitte der Kranzdekoration drahten

Dann legen Sie aus drei Schleifenbändern eine Schleife. Diese Bindetechnik ist noch einmal ausführlich im Anhang auf Seite 101 „Einfach schöne Schleifen binden" erklärt. Die Schleifen werden einzeln gelegt und nacheinander mit Wickeldraht aufeinander befestigt. Zuerst legen Sie in das 2,5 cm breite orange-braune Naturband mittig eine Schleife. Diese fixieren Sie mit Wickeldraht, den Sie am Anfang 10 cm überstehen lassen, damit die Schleife später auf

Das 50 cm lange Sackleinenband schräg mit zwei Patenthaften auf die Endstücke des Kranzes heften. Auf den gesamten Kranz verteilt einige Getreideähren legen und fixieren.

Auf das Sackleinen ein Büschel Ackerschachtelhalm, Rainfarn, weiße Hortensienblüten und Triticale-Ähren heften. Die weiteren Materialien wie Schafgarbe, Frauenmantel usw. ebenfalls befestigen.

Einige lange Blütenstiele, wie Rainfarn, Sonnenblume, Getreideähre und zwei Schilfblätter, etwas ausladend aus der Dekoration arbeiten. Aus den Bändern Schleifen binden, mit Granatäpfeln und Orangenscheiben dekorieren.

den Getreidekranz gedrahtet werden kann. Dann legen Sie aus dem weißen Spitzenband eine Schleife, plazieren diese auf die orangefarbene Naturbandschleife und umwickeln alles einmal mit Draht. Mit dem schmalen gelben Satinband genauso verfahren und auf die weiße Spitzenschleife fixieren.

Diese „Dreier-Schleife" drahten Sie nun in die Mitte der Kranzdekoration. Die Enden der Bänder verteilen Sie über den Kranz und lassen diese jeweils im Flechtwerk des Kranzes verschwinden. Ein Ende des orange-braunen Naturbandes führen Sie seitlich über das untere Drittel des Kranzes und stecken das Band in den Kranz. Das andere Ende lassen Sie senkrecht durch das Kranzinnere herunterhängen und fixieren es im unteren Kranzbereich.

Tip Dieser Kranz ist mit Schleifenbändern in Naturtönen geschmückt. Wer Kontraste liebt, erzielt diese mit stahlblauen oder knallroten Schleifenbändern.

In das weiße Spitzenband setzen Sie einen Knoten und lassen die beiden Enden ebenfalls im unteren Kranzbereich enden. Das schmale gelbe Satinband genauso verarbeiten. Nun das orange-braune Ährenmotiv-Band aufdrahten. Das Band ebenfalls durch das Kranz-Innere führen und im unteren Bereich festmachen. Zum Schluß werden noch die beiden Granatäpfel auf Stützdraht gesteckt und auf die obere Dekoration gedrahtet.

Alter Hut
mit Früchtekranz

Ein ausrangierter Strohhut findet in der folgenden Dekoration eine ausgezeichnete Verwendung. Auf Bastbänder werden Früchte der Herbst-Saison aufgebunden. Diesen Früchtering auf den Hutrand legen, die überhängenden Bastbänder zu einer Schleife binden und fertig. Auf einen Stuhl gehängt oder auf einen Tisch gelegt, schmückt der Hut mit Früchtekranz.

Das benötigen Sie:

1 ausrangierter Strohhut mit breiter Krempe, 10 bis 15 Bastbänder (1,20 cm lang) bzw. doppelt so viele, wenn die Bänder nur 60 cm lang sind (dann jeweils zwei Bänder aneinanderknoten), Beeren von Eberesche, Holunder und Brombeere, Hagebutten von Hundsrose, Früchte von Hartriegel, Mohnkapseln, Haferähren, Weizenähren, Rainfarn, grüner Wickeldraht, Rosenschere.

Die Bastbänder zu einem Strang zusammenlegen. An einem Ende etwa 30 cm hängen lassen, erst dann die Beeren auf den Baststrang binden. Dazu die Beeren mit Stiel auf etwa 10 cm kürzen. Büschelweise die Beeren mit grünem Wickeldraht aufbinden. Ist die gewünschte Länge erreicht, den Fruchtring auf die Hutkrempe legen und die überstehenden Bastbänder zu einer Schleife binden. Die Fäden auf eine Länge zurückschneiden. Zum Schluß noch einige Getreideähren und Mohnkapseln hinter die Bastschleife stecken.

Mit Beeren und Früchten geschmückt, dekoriert der alte Strohhut im Herbst.

Weihnachten

Dieses Adventsgebinde ist mit kostbaren Silberkugeln gefüllt.

Advent
im Silberton

Dieses Adventsgesteck läßt kostbare alte Christbaumkugeln wieder zur Geltung kommen. Ein Oval, aus
Koniferengrün gebunden, gibt die Form. Auf eine Pappe
geheftet, läßt sich das Innere des Gesteckes mit altem wert-
vollen Weihnachtsschmuck füllen. Farblich passende Kerzen
und Schleifenbänder runden diesen zauberhaften Tisch-
schmuck ab. Je nach Wahl der Schleifenbänder, Kordel und
Quaste kostet diese Dekoration um 16 DM.

Unterlage aus Stroh

Das Koniferengrün wird auf eine Unterlage aus
Strohsträngen gewickelt. Dazu formen Sie aus Weizen- oder
Gerstenstroh zwei gleichmäßig dicke Stränge im Durchmes-
ser von etwa 3 bis 4 cm. Das Stroh stramm mit schwarzem
Wickeldraht fixieren. Dabei die Stränge leicht biegen. Die
Längenmaße betragen 45 cm. Anschließend binden Sie
das Koniferengrün auf die beiden Strohstränge. Das Grün
mit der Rosenschere auf 5 bis 6 cm Länge kürzen und mit
Patenthaften auf den Strohsträngen fixieren.

Sind die Stränge fertig, biegen Sie die beiden Stützdrähte zu einem U und stecken diese in die Enden der Strohstränge, so daß das Adventsgesteck eine ovale Form bekommt. Damit das Adventsgesteck mit Weihnachtskugeln gefüllt werden kann, erhält es eine Unterlage aus Pappe. Diese
wird auf die Unterseite des Gebindes mit Patenthaften in den
Strohstrang geheftet.

Zunächst legen Sie die Pappe auf das Oval und zeichnen mit Bleistift die Außenmaße des Gebindes auf. Je nach
Dicke des Stranges ziehen Sie etwa 5 cm von diesem Maß
ab und schneiden das Oval kleiner aus (siehe Foto auf Seite 70). Dann bemalen Sie mit grüner Abtönfarbe eine Seite
der Pappe und lassen die Farbe trocknen. Wenn Sie anschließend die bemalte Pappe auf die Rückseite des Gebindes legen, schließen die Außenkanten des Ovals mit de-

Material:

Koniferengrün von Tanne, Eibe oder Lebensbaum	1 Flachpinsel	0,5 m silber-grün gemustertes Brokat- band (5,5 cm breit)	2 Stützdrähte (ca. 0,5 m lang)
große Efeublätter	1,5 m dunkelgrünes Schleifenband mit Drahteinlage (3,5 cm breit)	0,5 m Silberkordel	Patenthaften (Größe 17/30)
Stroh		grüne Quaste am Kordelband	schwarzer Binde- bzw. Wickeldraht,
Pappe (35 x 60 cm)	4 schmale, grüne Kerzen (etwa 30 cm hoch)	alter silberfarbener Christbaumschmuck	Bleistift, Bastelschere, Rosenschere
grüne Abtönfarbe			

nen der Strohunterlage ab. Mit Patenthaften befestigen Sie
nun die Pappe auf die Strohunterlage. Alles umdrehen. Zu
sehen ist jetzt auch die bemalte Seite der Pappe.

Schleifen, Kordeln und Quaste
anbringen

Auf die Oberseite des Gebindes verteilen Sie nun einige
große Efeublätter. Ebenfalls mit Patenthaften fixieren. Anschließend bringen Sie Schleifen, Kordel und Quaste an. In
das Brokatband legen Sie eine Schlaufe und lassen das
Band nur an einer Seite hängen. Die Schlaufe mit Wickeldraht fixieren und auf das Gebinde drahten (siehe Foto auf
Seite 70).

Aus Weizenstroh zwei etwa 45 cm lange, etwas gebogene Strohstränge binden und mit Bindedraht fixieren. Anschließend das Koniferengrün aufdrahten.

Die Stränge zu einem Oval aneinanderlegen. Mit zwei gebogenen Stützdrähten die Enden verbinden. Entsprechend große Pappe mit grüner Abtönfarbe bemalen und mit der bemalten Seite auf die Rückseite des Ovals heften.

Dann in das 1,5 m lange, grüne Schleifenband mit Drahteinlage mittig drei Schlaufen legen. Diese sind stabil und bleiben gut liegen, weil das Schleifenband an den Seiten mit Draht durchzogen ist. Unterhalb der Schlaufe binden Sie die „Dreier-Schleife" mit Wickeldraht ab und befestigen diese in Höhe der Brokatschlaufe auf das Gebinde.

Die silberfarbige Kordel wickeln Sie um etwas Christbaumschmuck, wie beispielsweise den Schmuck für die

In das Brokatband und in dem dunkelgrünen Schleifenband Schlaufen legen und mit Patenthaften auf eine Spitze des Ovals heften. Ausgesuchte große Efeublätter über das Koniferengrün verteilt ebenfalls mit Patenthaften aufklammern.

Tip Statt des silberfarbigen Christbaumschmuckes können Sie auch bunte Kugeln oder Figuren verwenden. Gerade das, was Ihnen zur Verfügung steht. Es sollten nur die Farben der Schleifenbänder und Kerzen darauf abgestimmt sein. Von Vorteil ist auch die Unterlage aus Pappe. So kann die Dekoration mühelos vom Tisch genommen werden, ohne daß vorher der Christbaumschmuck entfernt werden muß. Außerdem bietet die Pappe einen Schutz vor Kerzentropfen auf der Tischdecke und fängt rieselnde Tannennadeln auf.

Tannenbaumspitze. Die grüne Quaste heften Sie mit Patenthaften in die Spitze des Ovals.

Damit die vier grünen Kerzen auf dem Adventsgebinde sitzen können, biegen Sie vier Patenthaften gerade und schieben sie ein Stück weit in das Kerzenende. Nun die Kerzen gut verteilt in die andere Hälfte des Ovals stecken. Wer spezielle Kerzenhalter hat – diese sind in Bastelläden erhältlich –, verwendet diese. Die Kerzen sind dann standfester. Zum Schluß legen Sie Ihre Sammlung silberfarbiger Christbaumkugeln und -figuren in das Adventsgesteck.

Das Tischgebinde mit Kugeln und Kordeln schmücken. Vier Kerzen mit Stützdraht oder Kerzenhaltern versehen und in das Adventsgesteck stecken.

Modern und ganz schlicht gehalten ist der Mond- und Sternstecken. Wer möchte, kann ihn noch mit Koniferengrün und Schleifenbändern dekorieren.

Funkelnder Weihnachtshimmel

Schlicht und eindrucksvoll ist diese Weihnachts-Dekoration mit Mond- und Sternmotiv. Holz und goldfarbenes Aluminiumblech sind die Materialen, aus denen der funkelnde Weihnachtshimmel gearbeitet ist. Mond und Stern werden aus Blech geschnitten, mit Schafwolle oder Watte gefüllt und auf Holzstäbe geklebt. Für etwa 11 DM können Sie Mond oder Stern fertigen. Das Besondere: Die beiden Stecken lassen sich überall in der Wohnung aufstellen und ohne Aufwand woanders plazieren.

Motive aus Aluminiumblech ausschneiden und gravieren

Zunächst werden die beiden Holzständer für Mond und Stern gefertigt. Dazu bohren Sie mit dem Holzbohrer ein 8 mm großes und etwa 3 bis 4 cm tiefes Loch mittig in die breite Seite des Kantholzes. Dann kleben Sie mit der Heißklebepistole das 8 mm dicke Rundholz in den Holzblock. Das Rundholz sollte keinen kleineren Durchmesser haben, da die Dekoration sonst zu instabil wird. Mit beiden Holzblöcken so verfahren. Fertig sind die Ständer für Mond- und Sternstecken.

Nun bemalen Sie – Seite für Seite – den Holzblock mit blauer Wacofinfarbe. Damit der Holzständer einen weihnachtlichen Flair bekommt, werden auf die blaue Farbe goldene Akzente gesetzt. Dazu mit einem Flachpinsel in die noch feuchte blaue Farbe goldene Farbe ziehen. So arbeiten Sie Blockseite für Blockseite und zum Schluß das eingeklebte Rundholz.

Von den Seiten 76 und 77 pausen Sie anschließend die Stern- und Halbmondschablone ab und übertragen die Figuren mit Bleistift auf das Aluminiumblech. Der Stern und auch der Mond werden aus je zwei aufeinandergeklebten Blechen gefertigt und mit Schafwolle oder Watte gefüllt. So

Material:

4 DIN A4 große Platten Aluminiumblech (goldfarben)

2 x 1 m lange Rundhölzer (8 mm dick)

2 Kanthölzer (12 cm lang, 9 cm breit, 7 cm hoch)

1 Flachpinsel

blaue und feingoldfarbene Wacofinfarbe (in Bastelläden erhältlich)

Heißklebepistole, Bastelschere, Laubsäge, Bleistift,

Schafwolle oder Watte zum Füllen der Motive

Holzbohrer (mit 8 mm Bohrer)

Zeitung zum Unterlegen

Stern- und Mondschablone (siehe Seite 76, 77)

erhalten der Stern und der Halbmond eine plastische Form. In der Regel haben Aluminiumbleche eine goldfarbene und eine silberfarbene Seite. Beim Ausschneiden der Figuren ist darauf zu achten, daß die beiden Aluminiumblech-Hälften so aufeinanderpassen, daß später jeweils die silberfarbi-

In die Holz-
blöcke ein Loch
für die Holzstäbe
bohren. Dann das
Kantholz und den
Stab mit blauer
Farbe grundieren
und mit goldfar-
bener Farbe
Akzente setzen.

gen Seiten zusammengeklebt werden können. Wenn Sie
also die beiden Bleche für den Mond mit der goldenen Seite vor sich hinlegen, muß die Mondschablone so übertragen werden, daß der Mond mit dem Gesicht einmal
nach rechts und auf dem anderen Blech nach links schaut.
Mit der Bastelschere die Figuren ausschneiden.

Folienbleche mit Bleistiftspitze gravieren

Jetzt werden die Motive von der linken – also der
silberfarbenen – Seite graviert. Am besten legen Sie einige
Lagen Zeitung oder ein weiches Tuch unter die Motive. So
lassen sich die Linien besser durchdrücken. Mit einer spitzen
Bleistiftspitze gravieren Sie die Zeichnung ein. Mit dem run-
den Ende des Beistiftes erzielen Sie weiche Linien – siehe
Ränder des Halbmondes. Das Gesicht des Mondes und die
Zeichnungen auf dem Stern können nach Belieben verändert

Mond- und Sternmotiv jeweils zweimal ausschneiden.
Mit der goldfarbenen Seite auf eine weiche Unterlage
legen und mit einer spitzen Bleistiftspitze Muster
eingravieren.

werden. Auch darf der Weihnachtsstecken ganz schlicht bleiben. In gut sortierten Bastel- und Heimwerkerläden wird auch spezielles Gravierbesteck angeboten. Gravieren läßt sich aber auch mit dünnen, alten Stricknadeln.

Mond und Stern füllen

Sind die Motive graviert, legen Sie die Bleche paßgenau aufeinander. Dann fügen Sie mit dem Heißkleber die ersten Sternspitzen an den Rändern aufeinander. Dabei ist zügig zu arbeiten. Der Heißkleber erkaltet sehr schnell. Heißkleber, der über die Ränder heraustritt, wird zum Schluß mit entfernt. Nach und nach füllen Sie Wolle in die Sternspitzen und in den gesamten Sternkörper. Mit einem Holzstab können Sie etwas nachhelfen. Aber Vorsicht, die Blechfolie nicht verbiegen und keine zusätzlichen Striche hineinstoßen. Den Stern soweit zusammenkleben, daß nur ein kleines Loch für das Rundholz am Ständer bleibt. Das Rundholz etwa 5 cm in das Sterninnere schieben und mit dem Heißkleber befestigen.

Mit dem Halbmond genauso verfahren. Beim Halbmond ist jedoch darauf zu achten, daß der Stab mittig in den unteren Teil des Körpers geschoben wird, sonst wirkt der Mond unnatürlich gekippt.

Die Außenkanten der Sternfolie soweit mit der Heißklebepistole aufeinanderkleben, daß das Motiv – nach und nach – mit Schafwolle gefüllt werden kann und ein kleines Loch für das Rundholz am Ständer bleibt. Mit dem Halbmond genauso verfahren.

Das Hexenhaus aus Birkenreisern ist eine weihnachtliche Dekoration, die auch mit einem Adventskalender versehen werden kann.

Knusper-Knusper-Häuschen

Dieses Hexenhäuschen läßt nicht nur Kinderherzen höher schlagen. Mit Lebkuchen, Pfeffernüssen, Zimtstangen, getrockneten Apfelscheiben und rot-grünen Schleifenbändern geschmückt, versetzt diese Wanddekoration auch Erwachsene in weihnachtliche Stimmung. Das Hexenhaus ist aus Birkenreisern gefertigt und läßt sich jedes Jahr wieder verwenden. Für rund 13 DM ist diese Wanddekoration fertiggestellt. Das Besondere aber daran ist: Im Dezember läßt sich das Hexenhaus gut als Adventskalender umfunktionieren.

Ein Grundgerüst aus Draht und Reisern

Das Grundgerüst des Hexenhauses besteht aus Schweißdraht und Birkenreisern. Die beiden Schweißdrähte werden wie im Foto auf Seite 80 abgebildet, einzeln gebogen; ein Draht mittig zu einem Dreieck als Dach knicken, den anderen Draht, wie abgebildet, zu einem Unterbau. Dann den Schweißdraht mit braunem Kreppband umwickeln, damit der kupferfarbige Draht später nicht durchscheint.

Anschließend auf die Drähte 3 bis 4 Birkenreiser aufbinden. Dabei die Reiser für das Dach so anlegen, daß die Spitzen der Reiser nach unten zeigen und die Stiele zur Dachspitze. Überstehende dicke Stiele auf etwa 6 cm mit der Rosenschere kürzen. Auf der anderen Dachseite genauso verfahren. Dann den Unterbau mit Reisern umwickeln. Hier lange Birkenreiser verwenden, die Sie über die Ecken verarbeiten können.

Unterbau und Dach aufeinandersetzen

Nun legen Sie das Dach auf den Unterbau. Die eingeknickten Enden des Unterbaus in ihrer Lage korrigieren, und zwar so, daß sie unter dem Dach verschwinden. Bevor Sie die beiden Bauteile aufeinanderdrahten, legen Sie einen 40 cm langen Birkenstab quer auf das obere Ende des Unterbaues. Jetzt drahten Sie das Dach auf den Unterbau. Der dazwischengelegte Stab gibt dem Grundgerüst Halt.

Material:

Birkenreiser	5 getrocknete Apfelscheiben	etwas weiße Schafwolle	2 x 1 m rot-grün-gold gestreiftes Schleifenband (3,5 cm breit)
4 Birkenstäbe (je 30 cm lang)	2 Printen	Tannenzweige	
1 Birkenstab (26 cm lang)	2 lange Tannenzapfen	3 Ilexzweige	beliebig langes, schmales rotes Schleifenband (zum Aufhängen der Schachteln für den Adventskalender)
1 Birkenstab (16,5 cm lang)	2 Walnüsse	2 x 1 m lange Schweißdrähte (im Baumarkt oder Installationsbetrieben erhältlich)	
2 Birkenstäbe (je 8 cm lang)	2 Paranüsse		
1 dicker Birkenstab (40 cm lang)	3 Zimtstangen		
Weizenstroh	4 Stützdrähte (je 50 cm lang)	braunes Kreppband	Heißklebepistole, Bastelschere, Rosenschere, schwarzer Binde- bzw. Wickeldraht
2 Lebkuchenherzen	feines Schleifpapier (14 x 11,5 cm lang)	2 x 1 m rotes Schleifenband (5,5 cm breit)	

Aus zwei Schweißdrähten ein „Dach" und einen „Unterbau" biegen. Die Drähte mit braunem Kreppapier umwickeln. Anschließend Birkenreiser um die Drähte legen und mit Bindedraht fixieren.

Das Hexenhaus hat später eine ungefähre Größe von 70 cm Höhe und 38 cm Breite. Damit es ein plastisches Dach erhält, bringen Sie jetzt die Stützdrähte an, die Sie zuvor etwas übereinander gelegt und miteinander verdrahtet haben. Den verlängerten Draht etwas rundbiegen und ihn dann quer auf das Hexenhaus legen, so daß die Enden auf dem Schnittpunkt von Unterbau und Dach liegen. Dabei darf der Draht an den Ecken etwas überstehen. Der Abstand zwischen dem querliegenden Reisigstab und dem gebogenen Draht beträgt in der Mitte etwa 13,5 cm.

Nun binden Sie die Birkenreiser für das Dach auf. Dazu legen Sie die gut 50 cm langen Reiser mit der Spitze nach unten auf. Dann verdrahten Sie die Reiser mit dünnem schwarzen Wickeldraht – jeweils oben auf der Spitze und unten auf dem Stützdrahtbogen. So weiterarbeiten, bis das Dach fertig ist. Jetzt schneiden Sie die Spitzen des Reisigdaches auf eine Länge ab. Die oberen Reiser werden ebenfalls auf eine Länge gekürzt. Dann wickeln Sie noch einmal

Zwischen Dach und Unterbau drahten Sie ein etwa 40 cm langes Rundholz. Dann aus Stützdrähten einen Rundbogen biegen und in Dachhöhe festdrahten.

Für das Dach werden etwa 50 cm lange Birkenreiser mit der Spitze nach unten fächerförmig aufgelegt. Einen Torbogen aus Birkenreisern und Hölzchen drahten.

Wickeldraht quer über das Dach, damit abstehende Reiser angelegt werden.

Torbogen aus Reisigstäben

Für den Torbogen legen Sie 3 bis 4 Birkenreiser aufeinander. Diese umwickeln Sie mit Bindedraht und formen den Strang gleichzeitig zu einem Torbogen. Anschließend legen Sie die Hölzer auf. Zunächst schieben Sie das etwa 26 cm lange Birkenhölzchen senkrecht in den oberen Torbogen hinein. Dann den 16,5 cm langen Stab im oberen Drittel des Bogens quer plazieren und die Enden etwas in den Reisigbogen schieben. Den Kreuzpunkt der beiden Stäbe kleben Sie mit Heißkleber fest. Anschließend werden die beiden 8 cm langen Hölzchen diagonal in das obere Drittel des Torbogens gelegt und aufgeklebt.

Hänsels Stall aus Stäben

Das Hexenhäuschen hat selbstverständlich einen Gitterstall aus Birkenstäben für Hänsel. Sein Stall wird auf der linken Seite des Hexenhäuschens gefertigt. Vier 30 cm lange Birkenstäbe werden dazu in regelmäßigen Abständen senkrecht mit einem Ende in das Dach geschoben. Das andere Ende der Stäbe auf dem Reisigboden des Hexenhäuschens drahten. Anschließend wird das Gatter des Stalles mit Stroh gefertigt. Dazu weben Sie einzelne lange Strohhalme durch die Holzstäbchen.

Dann legen Sie den Torbogen etwa mittig auf den Unterbau. Der obere Bogen des Tores wird auf dem Dach verdrahtet, der untere Teil des Bogens auf dem unteren Ende des Hauses. Aus dem Stück Schleifpapier formen Sie nun den Schornstein für das Hexenhaus. Dazu rollen Sie das Papier so, daß die gekrönte braune Seite zu sehen ist. Dann fixieren Sie den Schornstein mit Heißkleber und füllen ihn mit etwas weißer Schafwolle. Den „qualmenden Schornstein" stecken Sie nun in das Dach.

Mit roter Doppelschleife schmücken

Anschließend wird das Hexenhaus verziert. Auf das Reisigdach verteilen Sie nun die Zimtstangen, die Lebkuchen, sowie Printen und die getrockneten Apfelscheiben und umwickeln alles nochmals mit dünnem schwarzen Bindedraht.

Dann werden das Koniferengrün und die Schleifenbänder angebracht. Auf die Dachspitze drahten Sie Tannenzweige, Ilex und zusätzlich noch ein Büschel Stroh. Aus dem 1 m langen rotem Schleifenband binden Sie eine Doppelschleife. Praktische Tips zum Binden von Schleifen finden Sie im Anhang „Einfach schöne Schleifen binden" auf Seite 98.

Sie nehmen das rote Schleifenband in die rechte Hand und lassen etwa 15 cm seitlich herunterhängen. Die Doppelschleife besteht aus vier Schlaufen und wird aus den restlichen 85 cm gebunden. Dazu eine Schlaufe aus etwa 15 cm Band legen, ankräuseln und das Schlaufen-Ende in der rechten Hand zwischen Daumen und Zeigefinger festhalten. Dann aus weiterer 15 cm Band eine Gegenschlaufe legen, das Schlaufen-Ende zusammenraffen und unterhalb

Mit vier 30 cm langen Birkenstäben einen Stall für Hänsel bauen. Die Stäbe in regelmäßigen Abständen senkrecht in das Dach schieben und das andere Ende auf den Reisigboden des Häuschens drahten. Strohhalme durch die Stäbe weben.

Neben dem Torbogen einen Tannen- und einen Ilexzweig fixieren. Doppelte Schleifen binden, Lebkuchen, Zimtstangen, Schornstein usw. sowie die Adventskalenderschachteln anbringen.

der ersten Schlaufe legen. Mit Wickeldraht die gekräuselten Punkte fixieren. Dabei den Anfang des Drahtes etwa 15 cm überstehen lassen, damit Sie die Schleife später auf die Dachspitze drahten können.

Die zweite Schleife besteht aus größeren Schlaufen und wird hinter die erste Schleife gearbeitet. Dazu nehmen Sie etwa 20 cm Schleifenband, legen eine Schlaufe, kräuseln das Ende an und legen sie hinter die rechte Schlaufe. Dann wird

die Gegenschlaufe aus weiteren 20 cm Band gelegt, unterhalb der rechten Schlaufe plaziert und zweimal mit Wickeldraht festgedrahtet. Fertig ist die Doppelschleife. Aus dem rot-grün-gold gestreiften Schleifenband legen Sie ebenfalls eine Doppelschleife und drahten diese auf die rote. Dann die Schleifen auf die Dachspitze drahten. Walnüsse und Tannenzapfen mit der Heißklebepistole befestigen.

An den Unterbau des Hexenhäuschens werden ebenfalls Koniferengrün und Schleifenbänder gearbeitet. Die rechte Lücke neben dem Torbogen füllen Sie mit einem Tannen- und einem Ilexzweig. Das Grün mit Draht auf den Unterbau des Häuschens fixieren. Nun legen Sie aus 1 m rotem Schleifenband sowie aus dem rot-grün-gold gestreiften Band jeweils eine Doppelschleife. Diese – wie oben beschrieben – aufeinanderdrahten und auf das Koniferengrün binden.

Tip Wenn Sie das Hexenhäuschen als Adventskalender verwenden möchten, reihen Sie auf schmalem roten Schleifenband 24 Schachteln oder Säckchen auf und befestigen das Band am unteren Gebäuderand des Hexenhäuschens.

Weihnachtsquaste mit Engelchen

Auch weniger aufwendige Dekorationen schaffen eine weihnachtliche Atmosphäre. Mit der Engelsquaste beispielsweise haben Sie ein vielseitig verwendbares Schmuckstück. Für die Quaste werden hauptsächlich Bastbänder verwendet, geschmückt mit einer Engelsfigur aus Metallfolie. Für nicht einmal 6 DM ist diese individuelle Dekoration selbst gearbeitet.

Das benötigen Sie:

Eine Wattekugel mit 40 mm Durchmesser, Bindebast, Goldhaar und 2 Zimtstangen (13 cm lang). Für die Engelsfigur ist eine 9 x 12 cm große Messing-Metallfolie (0,2 mm dick) erforderlich. Dann sollten Sie sich noch Messing- bzw. Golddraht, Goldbouillon, 1 getrocknete Zitronenscheibe, Goldkordel zum Aufhängen, Schere, Bleistift und eine Stecknadel bereitlegen. Die Engelschablone ist auf Seite 84 abgebildet.

Quaste aus Bastbändern arbeiten

Je nachdem, wie groß die Quaste werden soll, kürzen Sie die Bastbänder auf die entsprechende Länge. Die Engelsquaste hat später eine Länge von gut 20 cm. Zunächst nehmen Sie etwa 20 Bastbänder und legen sie in eine Art Achterschleife immer wieder aufeinander. Dann schnüren Sie die Mitte der Achterlinie mit Golddraht fest und legen die Bastbänder auf die Wattekugel. Mit einer Stecknadel fixieren Sie nun an der zugeschnürten Stelle den Baststrang auf die Wattekugel. Jetzt verteilten Sie die Bastbänder über die Kugel, fassen die Bänder unterhalb der Wattekugel wieder zusammen und binden sie mit Golddraht fest.

Auf diese Art und Weise verfahren Sie auch mit den nächsten Bastbändern, bis die Quaste gut buschig ist. Die fertige Engelsquaste hat später eine Gesamtlänge von 20 cm und etwa 160 zugeschnittene Bastbänder. Unter den letzten Baststrang legen Sie oben auf den Kopf der Quaste ein Stück

Goldkordel, die man zum Aufhängen der Quaste benötigt. Die Enden der Kordel werden verknotet. Unterhalb der Kugel drahten Sie einige Male den Kopf der Quaste ab. Die herunterhängenden Bastbänder und Schlaufen kürzen Sie auf eine Länge.

Einen Engel aus Messingfolie gravieren

Für den Engel pausen Sie die Engelsschablone ab und übertragen die Form mit Bleistift auf die 9 x 12 cm große Messingfolie. Den Engel mit der Bastelschere ausschnei-

Eine Quaste aus Bindebast, mit Messingengelchen verziert, dekoriert nicht nur diese Zuckerhutfichte. Auch als Tannenbaumschmuck läßt sich diese Dekoration verwenden.

Tip Wer die Möglichkeit hat, kann die Engelsquaste auch als Weihnachtsschmuck mit Schleifenbändern um eine Zuckerhutfichte binden. Am Hauseingang,
im Flur oder auf der Terrasse schmückt dann die weih-
nachtlich dekorierte Konifere.

den. Auf einem weichen Untergrund gravieren Sie anschließend mit der Bleistiftspitze Kopf, Flügel und Hände auf
die Folie.

Die beiden Zimtstangen umwickeln Sie mittig mit Golddraht und schnüren sie dann auf die Bastquaste. Auf die Zimtstangen legen Sie nun den Engel und fixieren ihn einige Male mit dem Golddraht. Darauf einige Goldfäden legen und
zum Schluß die getrocknete Zitronenscheibe. Alles nochmal
mit Golddraht umwickeln, abschneiden und die Drahtenden
auf der Rückseite der Quaste miteinander verdrehen. Mit einem Faden Goldbouillon alles umwickeln. Die Engelsquaste
läßt sich nun an den Tannenbaum oder an eine Schranktür
hängen. Aber auch als Tischdekoration kann man sie gut verwenden.

Gefüllte Backform

Auf die Schnelle läßt sich auch die folgende Weihnachts-
dekoration zusammenstellen. Die Zutaten hat fast jeder zur
Weihnachtszeit im Haus. Eine ausgediente Backform wird
mit Koniferengrün ausgelegt und mit alten Backförmchen,
Zimtstangen, Walnüssen, Plätzchen, Kandis, getrockneten
Orangenscheiben und Marzipanfrüchten gefüllt. Dekoriert
wird mit Schleifenband und vier Figuren aus Messingfolie für
etwa 9 DM.

Das benötigen Sie:

Eine alte Kuchenform, kleine Tortelettsformen, Koniferengrün, 1 Marzipanbirne, 2 Marzipan-Orangen, 4 Zimtstangen, 3 Walnüsse, 4 Zimtsterne, 5 weiße Kandisbrocken und
3 grobe Stücke brauner Kandis sowie 2 getrocknete Orangenscheiben, 2 Springerle-Plätzchen. An Schleifenband werden etwa 1,5 m weihnachtliches Schleifenband mit Draht-

einlage in beliebiger Länge (5 cm breit) benötigt. Für das Herz, den Tannenbaum und die beiden Sterne ist eine 20 x 20 cm große Messingfolie (0,2 mm dick) zu besorgen. Die Schablonen für die Messingmotive sind untenstehend abgebildet. An Werkzeug benötigen Sie Bastelschere, Bleistift und eine Heißklebepistole.

Alte Backform füllen und dekorieren

Aus der Messingfolie schneiden Sie ein Herz, einen Tannenbaum und zwei unterschiedlich große Sterne aus. Dazu die Schablonen abpausen und die Konturen mit Bleistift auf

die Folie zeichnen. Ausschneiden und – wer möchte – auf einem weichen Untergrund mit der Bleistiftspitze Ornamente in die Folie gravieren.

Jetzt legen Sie die alte Kuchenform mit Tannenzweigen oder anderem Koniferengrün aus. Dann verteilen Sie etwa die Hälfte der Zutaten auf dem Grün. Das Schleifenband unter die Kuchenform ziehen und oberhalb auf dem Grün eine große Schleife binden. Die Enden herunterhängen lassen. Nun die restlichen Accessoires auf die Kuchenform verteilen. Auch einige Plätzchen, Nüsse und Zimtstangen auf das Schleifenband legen. Damit die Dekoration etwas großzügiger aussieht, ruhig mit der Heißklebepistole einige Zutaten und die Messingfiguren aufkleben.

Eine ausrangierte Backform ist schnell mit Koniferengrün und weihnachtlichen Accessoires gefüllt. Mit Schleifenband und Messingfiguren läßt sich diese Dekoration sehr individuell gestalten.

Tip

Statt der Messingfiguren und Marzipanfrüchte können Sie auch Accessoires verwenden, die sie ohnehin im Haus haben, wie beispielsweise bunte Holzfiguren mit Weihnachtsmotiven oder kleine Christbaumkugeln. Ein paar Tropfen Duftöl mit dem Aroma weihnachtlicher Gewürze verwandelt die Dekoration darüber hinaus zu einem Duftspender aus Großmutters Backstube.

Beidseitig schmückt der freihängende Weihnachtsstern aus bemalter Sperrholzplatte.

Freihängender Weihnachtsstern

E ine freihängende Dekoration für die Adventszeit ist dieser ausgeschmückte Weihnachtsstern. Aus bemalter Sperrholzplatte, mit getrockneten Apfelsinenscheiben, Gewürzen, Birkenreisern und weihnachtlichen Accessoires versehen, dekoriert der große Weihnachtsstern von beiden Seiten. Die Sternschablone läßt sich aber auch noch anderweitig einsetzen, zum Beispiel als Platzdeckchen. Der Stern kostet rund 16 DM, wenn lediglich Schleifen, Sperrholz, Farbe und Golddrähte zugekauft werden müssen. Die Materialangaben gelten für einen beidseitig geschmückten Stern.

Sperrholzstern effektvoll bemalen

Zuerst wird der Stern aus Sperrholzplatte gesägt und bemalt. Die Schablone des hängenden Weihnachtssternes ist auf dem Schnittmuster abgebildet. Der Stern ist hier nur zur Hälfte gezeichnet. Da die Sternform symmetrisch ist, übertragen Sie die Form zweimal auf die 50 x 50 cm große Sperrholzplatte, wobei die lange gerade Seite der Sternschablone die Achse bildet. Mit der Laubsäge sägen Sie den Stern aus. Die Außenkanten und Ecken anschließend mit dem Schleifpapier glattschleifen. Was beim Umgang mit der Laubsäge zu beachten ist und wie Sperrholz effektvoll bemalt wird, ist im Anhang auf Seite 104 „Motive aus Sperrholzplatte sägen und bemalen" genau erklärt.

Nun wird der Sperrholzstern beidseitig mit roter (ochsenblutrot) und gold-metallicfarbener Wacofinfarbe bemalt. Die Farben sind in kleinen Mengen im Fachhandel oder in Bastelgeschäften erhältlich. Damit er eine plastische Fernwirkung bekommt, wird schrittweise mit rötlicher Wacofinfarbe grundiert. Den strahlenden Effekt erhält der Stern durch die Gold-Metallic-Farbe.

Am besten grundieren Sie erst zwei bis drei Sternspitzen. Zuerst malen Sie die 4 mm dicken Zacken des Sternes aus.

M aterial:

50 x 50 cm Sperrholzplatte (4 mm dick)	1 m Goldband (2 cm breit) zum Aufhängen	6 Goldtaler (sind mit Karamel gefüllt und zur Weihnachtszeit im Lebensmittelhandel erhältlich)	1 Flachpinsel
Wacofinfarbe Ochsenblutrot und Gold-Metallic	1,5 m Goldband (2 cm breit) für Schleife		Goldflitter-Spray
Messing- bzw. Golddraht	8 getrocknete Apfelsinenscheiben	2 Engelsfiguren aus Pappe	Laubsäge, Rosenschere, grobes bis mittelfeines Schleifpapier, Heißklebepistole, Tapetenschutzlasur Bleistift, Bastelschere
3 Goldbouillon-Drähte	Birkenreisig	4 Zimtsterne	
Goldfäden	10 Zimtstangen	10 Lorbeerblätter	Sternschablone (siehe Schnittmuster)
		4 Mohnstangen mit Fruchtstand	

Dann von den Außenkanten nach innen malen. Dabei zügig arbeiten, denn in die noch feuchte Waconfinfarbe wird die Gold-metallic-Farbe gesetzt. Dazu den Pinsel nacheinander in die ochsenblutrote und dann in die goldene Farbe tauchen und die Farben in einem Pinselstrich von der Sternspitze zur Mitte durch die noch feuchte Grundierung ziehen (siehe Foto auf Seite 88). Dann die nächsten zwei bis drei Zacken mit der rötlichen Farbe grundieren und genauso verfahren wie eben beschrieben.

Die bemalte Sperrholzseite trocknen lassen oder trocken fönen, dann können Sie schneller weiterarbeiten. Die Rückseite genauso bemalen. Die Farbe trocknen lassen, und an-

Plastisch wirkt der Sperrholzstern, wenn Sie nach und nach die Sternzacken mit roter Wacofinfarbe grundieren und in die noch feuchte Farbe Akzente mit Gold-Metallic-Farbe setzen. Beide Sternseiten bemalen. Das 1,5 m lange Goldband zum Aufhängen auf eine Sternspitze kleben.

schließend beide Sternseiten dünn mit Tapetenschutz lasieren und trocknen lassen. Mit etwas Goldflitter aus der Sprühdose bringen Sie zusätzliche Effekte auf den Stern.

Mit Accessoires schmücken

Damit sich der Stern später aufhängen läßt, wird schon jetzt das 1 m lange Goldband angebracht. Dazu das Goldband mit der Heißklebepistole etwa 8 cm auf eine beliebige Spitze kleben. Fertig ist der Aufhänger.

Anschließend legen Sie einige 20 bis 25 cm lange Birkenreiser gut verteilt auf den Sperrholzstern. Die Sternspitzen dabei nicht vergessen. Auch sollten Sie nicht zuviel Reisig auflegen. Die rötlich-goldene Farbe des Sterns soll durchschimmern. Die Birkenreiser umwickeln Sie nun mit Golddraht, so daß sie etwas Halt haben. Dann wenden Sie den Stern, legen auf die Rückseite des Sternes Birkenreiser und umwickeln den Stern weiter mit Golddraht.

Auf dieser Reisiggrundlage werden nun die weihnachtlichen Accessoires, wie getrocknete Apfelsinenscheiben, Zimtsterne, Zimtstangen, Lorbeerblätter, Goldtaler, Mohnkaspeln und Engelsfiguren aus Pappe, gelegt. Die Goldfäden ziehen Sie gut auseinander und legen diese ebenfalls auf die Birkenreiser. Mit Goldbouillondraht, den Sie beim Wickeln auseinanderziehen, fixieren Sie die Materialien.

Doppel-Schleife aus Goldband legen

Für die Doppelschleife legen Sie das 1,5 m lange Goldband in die rechte Hand und lassen das rechte Ende des Bandes etwa 40 cm seitlich herunterhängen. Die Schleifen legen Sie aus dem restlichen 1,1 m langen Goldband. Zuerst wird die kleine Schleife gelegt und dahinter die große.

Vom langen Goldband legen Sie etwa 15 cm Band zu einer Schlaufe, kräuseln diese an und halten sie zwischen Daumen und Zeigefinger fest. Mit der linken Hand eine

Auf den Sperrholzstern Birkenreiser und weihnachtliche Accessoires, wie Zimtsterne und -stangen, Goldtaler, Apfelsinenscheiben, Lorbeerblätter, Mohnkapseln und Engelsfiguren aus Pappe, legen. Mit Messing- bzw. Golddraht fixieren.

gleichgroße Schlaufe legen, ankräuseln und an dieser Stelle unterhalb der gerafften Stelle der Gegenschlaufe legen. Hier mit Golddraht fixieren. Der Anfang des Golddrahtes sollte etwa 10 cm überstehen. Es reicht, wenn Sie die Mitte der Schleife zwei bis dreimal mit Draht umwickeln.

Die zweite Schleife hat größere Schlaufen und wird hinter der ersten Schleife gearbeitet. Dazu aus etwa 20 cm Band eine Schlaufe legen, ankräuseln und festhalten. Aus

weiteren 20 cm Band eine Gegenschlaufe legen, unterhalb der anderen ankräuseln und einmal mit Golddraht fixieren. Zur Dekoration können Sie auch noch einige Goldfäden dazwischen drahten. Den Golddraht auf 10 cm Länge abschneiden und auf der Rückseite mit dem Anfang des Drahtes verdrehen. Dann die Doppelschleife an den Aufhänger des Sternes drahten. In die herunterhängenden Enden noch einige Knoten setzen.

Tip Falls Sie den Weihnachtsstern von beiden Seiten schmücken, sollten Sie die Seiten zwischendurch wechseln, wenn Sie die Materialen auflegen. So verbrauchen Sie nicht unnötig viel Goldbouillondraht. Zur Dekoration binden Sie aus dem 1,5 m langen Goldband noch eine Doppelschleife. Worauf es beim Schleifenbinden ankommt, ist ausführlich im Anhang, Seite 98, „Einfach schöne Schleifen binden" erklärt.

Die Goldfäden weit auseinanderziehen und ebenfalls auf den Stern legen. Mit den drei Goldbouillondrähten den ganzen Stern nochmals umwickeln. In das 1,5 m lange Goldband eine doppelte Schleife setzen und an den Aufhänger des Sterns drahten.

Platzdeckchen mit Sternmotiv

Wenn Sie in der Weihnachtszeit den Tisch mit ausgefallenen Platzdeckchen dekorieren möchten, können Sie das Schnittmuster des Sternes auch abwandeln. Für das Platzdeckchen sparen Sie einfach zwei nebeneinanderliegende Spitzen des Sternes aus und sägen hier gerade durch. Die Sperrholzplatte muß dann nur 50 x 34 cm groß sein.

Schön wirkt ein stahlblauer Stern, mit schwarzer und goldener Farbe abgesetzt. Sie können auch grüne und schwarze Abtönfarbe verwenden. Den glitzernden Effekt erzielen Sie mit gold-metallic-farbener Wacofinfarbe und mit Goldflitter. Dazu bemalen Sie den Dreiviertel-Stern mit blauer und

Aus dem Stern läßt sich außerdem ein Platzdeckchen fertigen. Dazu zwei Zacken aussparen.

schwarzer Abtönfarbe. Den Flachpinsel nacheinander in die Farben tauchen und in einem Pinselstrich von Sternspitze zur Sternmitte ziehen. Zum Schluß einen Flachpinsel mit kurzen Borsten in gold-metallic-farbener Wacofinfarbe tauchen. An die 4 mm dicke Außenkante der Sternspitzen setzen und nur eben über den Sternrand ziehen.

Alles gut trocken fönen, dünn mit Tapetenschutz lasieren. So läßt sich das Platzdeckchen später auch feucht abwischen. Auf den trockenen Stern mit Goldflitter noch einige glitzernde Effekte setzen. Das verleiht dem Platzdeckchen weihnachtlichen Flair.

Anhang

Eier ausblasen und bemalen

Kein Ostern ohne bunt bemalte Ostereier. Das Ausblasen und Bemalen von Hühner- oder Gänseeiern gehört zur Osterzeit dazu. Doch häufig wird die Zeit dann knapp, und für ausgefallene Maltechniken bleibt keine Zeit. Warum also nicht Eier ausblasen und bemalen, wenn Ostern nicht unmittelbar vor der Tür steht?

Wer außerdem Wert auf ausgefallene Eierarten, wie Gänse- oder Puteneier, legt, muß sich ohnehin nach den Le-

Mit der Stecknadel in die Eispitze und am entgegengesetzten Ende ein Loch in die Eischale bohren. Mit einem Kreuzschlitz-Schraubendreher den Einstich vorsichtig vergrößern.

Der Klistierball ist eine große Hilfe beim Ausblasen der Eier. Den Ball an die obere Spitze des Eies ansetzen und den Inhalt auf einen Teller pumpen.

Die ausgeblasenen Eier mit Wasser ausspülen und abtropfen lassen. Anschließend Verunreinigungen wie Eiklar und Eigelb mit Essig abreiben.

gezeiten dieser Tiere richten. Gänse haben ihre Hauptlegezeit, wenn es draußen merklich wärmer wird. Das kann nur wenige Tage vor Ostern sein. Am besten erkundigen Sie sich bei Geflügelhaltern oder Landwirten.

Schnell und sauber ausblasen

Ausgeblasene und bemalte Eier eignen sich gut als Dekoration. Aufgehängt oder auf einen Stab gesetzt, verleihen sie Gestecken und natürlichen Arrangements einen österlichen Flair.

Verwenden Sie nur Eier mit glatter, ebener Oberfläche. Eiklar und Eigelb lassen sich besser ausblasen, wenn die Eier nicht zu kalt sind. Das Ei-Innere ist sonst sehr zähflüssig. Nehmen Sie die Eier deshalb am besten einen Tag vorher aus dem Kühlschrank. Hühnereier mit dem Strohhalm oder mit dem Mund auszublasen, ist nicht mehr zu empfehlen. Das ist nicht nur mühsam, sondern auch unhygienisch. Einfach und schnell lassen sich die Eier mit einem Klistierball, in Apotheken oder Drogerien erhältlch, ausblasen.

An Werkzeug legen Sie sich Klistierball, einen feinen Kreuzschlitz-Schraubendreher, Stecknadel, Stützdraht und einen flachen Teller zurecht. Wichtig sind noch etwas Haushaltsessig und ein Schwämmchen. Mit der Stecknadel bohren Sie vorsichtig an der Eispitze und am entgegengesetzten Ende ein Loch in die Eischale. Mit dem Kreuzschlitz-Schraubendreher den Einstich vorsichtig vergrößern. Dann führen Sie ein Stück Draht in das Ei-Innere und vermischen Eigelb und Eiklar. So läßt sich der Ei-Inhalt besser ausblasen.

Eier von innen mit Wasser ausspülen

Dann setzen Sie an die obere Spitze des Eies den Klistierball an und pumpen den Inhalt auf einen flachen Teller aus. Die ausgeblasenen Eier unter einen warmen Wasserstrahl halten und von innen mit Wasser ausspülen. Die beiden Löcher zuhalten und das Ei mit dem Wasser schütteln. Dann erneut den Klistierball ansetzen und das Wasser auspumpen. Das Ei muß innen völlig sauber sein. Setzt sich später Eihaut vor eines der Löcher und trocknet an, kann das Ei nicht völlig auslaufen. Der restliche Inhalt beginnt zu riechen.

Die ausgeblasenen Eier anschließend mit Haushaltsessig abreiben. Dabei Verunreinigungen und Reste von Eiklar und Eigelb entfernen. Außerdem wird damit der Schutzfilm des Eies abgerieben, und die Eierschale nimmt später Farben besser an. Bevor die Eier jedoch bemalt werden, sollten sie nach dem Ausblasen etwa zwei Tage trocknen. Am besten verwenden Sie dafür eine Eierstiege.

Eier mit antikem Flair

Einen besonders edlen Eindruck machen ausgeblasene Eier mit Metallic-Effekt. Diese Maltechnik ist von jedem leicht nachzuarbeiten. Es bedarf keiner besonderen Malfertigkeiten. An Material werden benötigt: ausgeblasene Hühner- oder Gänseeier, grüne und weiße Wacofin- oder Plakafarbe sowie grünes und Gold-Bronze-Metallic-Farbpulver (im Bastelgeschäft erhältlich). Weiterhin legen Sie sich einen Haarpinsel (Größe 6 bis 8) zurecht, Naturstrohhalme, Gummi-

Das ausgeblasene Ei auf einen Strohhalm schieben und mit grüner Wacofin-Farbe grundieren. Anschließend das Ei mit einem Gemisch aus grünem Metallicpulver und Speiseöl bemalen. Akzente mit einem in Speiseöl getränkten und in Gold-Bronze-Pulver getippten Lappen auftragen.

W er möchte, kann die Eier mit Bastbändern, getrockneten Rosenblüten, Moos, Rinde und anderen Accessoires dekorieren.
....

D en antiken Flair verleihen Sie den Eiern mit Gold-Bronze-Metallic-Farbpulver.
....

handschuhe, etwas Speiseöl und einen fuselfreien Stofflappen. Zunächst wird das Ei mit grüner und weißer Wacofin- bzw. Plakafarbe grundiert. Dazu das Ei auf einen Naturstrohhalm reihen. Naturstrohhalme haben den Vorteil, daß sie die Öffnung des Eies voll ausfüllen und so das Ei beim Bemalen nicht so schnell verrutschen kann. Den Pinsel nacheinander in die Farben tauchen und in einem Pinselstrich auf das Ei auftragen. Die Farbe trocknen lassen.

Öl-Pulver-Gemisch aufpinseln

Anschließend das grüne Metallicpulver mit einigen Tropfen Speiseöl anrühren. Dieses Öl-Pulver-Gemisch auf die getrocknete Grundierung pinseln (siehe Foto, Seite 93). Das Ei erhält jetzt Glanz, und die Farbe der Grundierung wird dunkler. Alles etwa 10 Minuten trocknen lassen.

Für den weiteren Arbeitsgang ziehen Sie sich vorsichtshalber dünne Gummihandschuhe an. Dann das Ei vom Strohhalm ziehen und mit einem in Speiseöl getränkten Stofflappen einreiben und dabei rückständiges Fett abtragen. So erhält das Ei einen Schutzfilm, und durch den stark glänzenden Effekt wird das Ei dunkelgrüner und wirkt antiker.

Das Leinenläppchen nochmals in Speiseöl tauchen, anschließend in das Gold-Bronze-Pulver tippen und dieses Gemisch auf das Ei auftragen und verreiben. Das Ei vorsichtig fast trocken reiben. Mit diesem Pulver erhält das Ei einen weichen, goldgelben Lichteffekt. Es lassen sich auch ganz bewußt Akzente auf dem Ei setzen, indem man das Pulver nicht verreibt (siehe Foto, Seite 93).

Wer die Eier noch romantisch-antik verzieren möchte, dekoriert das Ei mit zwei Bastbändern, etwas Rinde, getrockneten Rosen, Moos sowie etwas Goldpapier. Es läßt sich auch gut ein Ostergruß auf ein Stück Papier schreiben. Diese Dekorationen werden mit der Heißklebepistole aufgeklebt. Dazu zwei lange Bastbänder mit der Heißklebepistole mittig auf dem Ei befestigen. Darauf etwas Rinde, Moos, Goldpapier beziehungsweise ein Papier mit einem Ostergruß und ein getrocknetes Rosenblatt kleben. Eine Rosenblüte mit Rosenblatt auflegen und das Ganze mit dem Bastband umwickeln. Band verknoten und Enden abschneiden. Wenn Sie das dekorierte Ei noch mit etwas Goldflitter absprühen, erhalten Sie einen zusätzlichen Lichteffekt.

Eier mit Ährenmotiv

Wunderschön sind auch bemalte Ostereier, die die künstlerischen Fertigkeiten des Malers erkennen lassen. Das Gänseei mit Ährenmotiv mag komplizierter aussehen, als es ist. Dennoch: Trauen Sie sich ruhig, es nachzuarbeiten. Das Motiv wirkt besser auf großen Hühner- oder auf Gänseeiern. Wichtig ist auf jeden Fall, daß die Oberfläche der Eischale glatt ist. Benötigt werden neben einem ausgeblasenen Gänseei weiße, gelbe und braune Wacofin- bzw. Plakafarbe, ein Haarpinsel in Größe 6 bis 8 und ein Pinsel in Größe 0, Naturstrohhalme, flachen Teller zum Mischen der Farben, Bleistift, Speiseöl, einen Fön, Spezialgrundierung Patina Grund sowie braune Umbra-Wacofinfarbe in der Tube (beides im Bastelladen erhältlich).

Das ausgeblasene Gänseei auf einen Strohhalm ziehen. Das Ei sollte nicht verrutschen können. Anschließend die weiße Wacofinfarbe mit etwas gelber Farbe mischen. Das Ei damit grundieren. Dafür den großen Haarpinsel verwenden. Mit dem Fön können Sie das Ei trocknen.

Auf die Grundierung werden nun mit Bleistift die Haferähren gezeichnet. Zuerst setzen Sie den Mittelstrang der Haferähre, zeichnen dann die Verzweigungen, einige Blätter und die Hafergrannen (siehe obenstehendes Foto). Mit dem feinen Haarpinsel zeichnen Sie nun die Ähren in Ockergelb und Braun auf. Den Mittelstrang und die Verzweigungen mit brauner Farbe ausmalen. Damit die Ähren sich besser vom Grundierten abheben, setzen Sie auf die einzelnen Haferähren noch einen dünnen braunen Strich.

Malfehler mit warmem Wasser korrigieren

Sollten Sie sich mal vermalt haben, halten Sie das Ei sofort unter einen warmen Wasserstrahl und reiben mit der rauhen Seite eines Topfschwammes die Farbe vorsichtig ab. Dann von neuem beginnen. Ist das Ei bemalt, die Farbe trocknen lassen.

Die getrocknete Grundierung und die Ähren wirken sehr stumpf. Wenn Sie noch etwas am Bemalten korrigieren möchten, ist jetzt noch Zeit dazu. Denn anschließend erhält das Ei einen Schutzfilm aus Patina-Grund. Dieser muß dünn mit dem Pinsel aufgetragen werden. Er verleiht dem Ei einen

Das ausgeblasene Gänseei auf einen Strohhalm ziehen, mit hellgelber Wacofinfarbe grundieren und trocknen lassen. Auf die Grundierung mit Bleistift die abgebildeten Haferähren zeichnen.

Mit dem Haarpinsel in Ockergelb und Braun die Hafergrannen, Blätter und Ähren ausmalen. Alles trocknen lassen und dann einen Schutzfilm aus Patina-Grund auftragen. Zum Schluß das trockene Ei mit brauner Umbra-Paste dünn einreiben.

Auf großen
Gänseeiern
lassen sich gut
Motive malen.
Das Ei mit Ähren-
motiv ist einfach
nachzuarbeiten.

Eier im Pflanzensud färben

Eine ganz andere Art des Eierfärbens, bei der Sie eben-falls nicht zum Pinsel greifen müssen, ist die Reservierungs-technik. Die Eier werden mit einem Gemüsesud eingefärbt. Durch Auflegen von kleinen Pflanzenblättern sparen Sie einen Teil der Eierschalen aus. Es entsteht ein natürliches Blattmu-ster auf den Eiern.

Farbton	Sud aus
Gelb	Zwiebelschalen (hell)
Rotbraun	Zwiebelschalen (rot)
Brauntöne	Tee, Kaffee
Grün	Spinatblättern, Brennessel
Blau-zartviolett	Rotkohl
Rosa-rot	Rote Bete

Je nachdem, welche Farbe die Eier bekommen sollen, verwenden Sie für den Gemüsesud eines der in der obenste-henden Tabelle aufgeführten Gemüsearten bzw. Pflanzensäf-te. Je mehr Pflanzenmaterial Sie verwenden und je länger Sie die Eier im Sud kochen, desto intensiver wird die Färbung. Hier müssen Sie selber experimentieren. Bei einem Sud aus Zwiebelschalen sollten Sie jedoch beachten, daß nur die äußere pergamentfarbene Haut und die erste Zwiebelschale verwendet werden. Für 1 kg Schalen auf etwa 1,5 Liter Was-ser müssen Sie schon einige Wochen vorher sammeln.

Zum Auflegen auf das Ei eignen sich junge Farnblätter, aber auch Efeublätter oder kleine, gefächerte Ahornblätter. Färben Sie die Eier im Sommer oder Herbst, dann stehen Ih-nen wesentlich mehr Pflanzenblätter zur Verfügung als im Früh-jahr, direkt vor Ostern.

Neben den ausgeblasenen Eiern benötigen Sie noch ei-nen hellen ausrangierten Seidenstrumpf, einen tiefen Kochtopf, 1,5 Liter Wasser, Garn, Speiseöl, Essig, einen Lap-pen, einen Schaumlöffel, Klistierball, Schere und einen fla-chen Teller.

Die Pflanzenblätter mit der unteren Blattseite durch etwas Speiseöl ziehen. So bleiben sie besser auf der Eierschale haf-

zurückhaltenden und antiken Glanz. Außerdem läßt sich spä-ter die Umbra-Paste besser auftragen.

Der Patina-Grund muß gut getrocknet sein, bevor Sie jetzt die Umbra-Paste aufgeben. Dazu ein Stofftuch, am besten aus Leinen, in etwas Speiseöl tränken und darauf etwas Um-bra geben. Das Ei damit einreiben. Mit brauner Umbra er-zielen Sie Licht- und Schatteneffekte auf dem Ei. Außerdem ist mit dieser Oberflächenbehandlung das Ei gut konserviert. Wassertropfen perlen ab. Sollten Sie versehentlich zuviel braune Umbra aufgetragen haben, können Sie die Farbe mit einem in Speiseöl getränkten Lappen wieder abnehmen. Al-les trocknen lassen und fertig ist das Haferähren-Ei.

Tip Auf die gleiche Weise lassen sich auch Spanholzdosen bemalen. An Motiven dürfte es nicht man-geln. Auch ein Hahn wirkt gut auf Ei und Spanholzdose.

ten. Sie können für diesen Zweck auch etwas Eiweiß nehmen. Die Blätter auf die Eierschale legen und anschließend einen hellen Seidenstrumpf über das Ei ziehen. Aber darauf achten, daß die Blätter nicht verrutschen. Mit etwas Nähgarn den Strumpf an einem Ende abbinden. Den Strumpf stramm über das Ei ziehen, ohne daß die Blätter verrutschen, und das andere Ende mit Garn abbinden. Den restlichen Strumpf abschneiden.

Für das Farbbad stellen Sie einen tiefen Kochtopf mit etwa 1,5 Liter Wasser auf. Dann geben Sie die Zwiebelschalen hinein, einen guten Schuß Essig dazu und das Ganze etwa 20 Minuten auskochen lassen. Der Essig macht die Färbung intensiver. Dann die ausgeblasenen Eier in den Sud legen. Da die Eier oben schwimmen, werden sie mit einem kleinen Teller beschwert. Dann die Eier etwa eine halbe Stunde im offenen Topf kochen lassen. Möchten Sie einen helleren Farbton, nehmen Sie die Eier eher aus dem Sud. Ab und zu die Eier wenden, damit sie gleichmäßig gefärbt werden.

Nun die gefärbten Eier mit dem Schaumlöffel herausnehmen und unter kaltem fließenden Wasser abbrausen. Den Strumpf und die Pflanzenblätter entfernen. Da meist etwas Sud in die ausgeblasenen Eier gelaufen ist, diesen mit dem Klistierball auspumpen. Dann lassen Sie die gefärbten Eier auf einer Eierstiege auslaufen und etwa einen Tag trocknen. Am anderen Tag reiben Sie die gefärbten Eier mit etwas Speiseöl ab. So erhalten die Eier nicht nur einen schönen Glanz, auch die Farben kommen kräftiger heraus.

Tip Eier müssen nicht ausgeblasen werden. Auch rohe Eier lassen sich an einem trockenen Ort über Jahre aufbewahren. Vorausgesetzt, das Ei ist unbeschädigt und wurde nicht gewaschen. Das Ei ist nämlich mit einem natürlichen Schutzfilm überzogen, der das Ei vor Verderb schützt. Wichtig ist, daß man rohe Eier zwischendurch auf Risse kontrolliert und aussortiert. Auch mit gekochten Eiern läßt es sich dekorieren. Dann sollten die Eier jedoch eine halbe Stunde gekocht haben. Wenn Sie alte bemalte Eier verwenden, reiben Sie die Eier leicht mit Speiseöl ein. Dadurch erhalten sie wieder etwas Glanz.

Ganz einfach sind Eier mit der Reservierungstechnik einzufärben. Auf die ausgeblasenen Eier Pflanzenblätter legen, mit etwas Öl fixieren und darüber einen ausrangierten Seidenstrumpf ziehen. Im Zwiebelsud kochen lassen.

Je nach Konzentration des Gemüsesudes und der Kochzeit sind unterschiedliche Farben zu erzielen. Die gefärbten Eier einen Tag auslaufen lassen und mit etwas Speiseöl abreiben.

Einfach schöne Schleifen binden

Dafür lassen sich die meisten bereits verwendeten Bänder wieder glatt bügeln und neu in Schleife legen. Das Bügeleisen darf jedoch nicht zu heiß sein, sonst zieht sich das Band zusammen, bleibt am Eisen kleben und ist unbrauchbar. Deshalb die Bänder erst auf kleiner Temperaturstufe bügeln. Manche Bänder, wie beispielsweise Alu- oder Metallbänder, bekommen Sie wieder glatt, indem Sie sie über die Tischkante ziehen.

Hilfreich können Schleifenbänder sein, die an den Außenkanten mit dünnem Draht durchsetzt sind. Die gelegten

Das 2 m lange Schleifenband an einem Ende 50 cm herunterhängenlassen. Von dem übrigen Band aus 15 cm eine Schlaufe legen, ankräuseln und festhalten. Mit der anderen Hand aus weiteren 15 cm eine gleichgroße Schlaufe legen.

Schleifen geben einer Dekoration fast immer den letzten Pfiff. Sie sollten die Wirkung des Arrangements unterstreichen, ihr aber nicht die Schau stehlen. Eine geradezu unüberschaubare Fülle an Bändern, Kordeln und Schleifen aus unterschiedlichen Materialien und in verschiedenen Farben und Mustern sind auf dem Markt. Ob aus Samt, Seide, Jute, Sackleinen oder Polyester – die Auswahl ist groß. Auch Band aus einfachem Papier oder wachsbeschichtet ist zu haben. Mit Glitzereffekt oder mit Motiven bedruckt, passen die Bänder zu bestimmten Gelegenheiten wie Weihnachten oder Ostern. Die Auswahl fällt oft schwer.

Wichtig ist, daß die Bänder zum Stil der Dekoration passen und farblich miteinander harmonieren. Zu rustikalen Dekorationen, wie dem „Huhn Trude" auf Seite 34, passen Schleifenbänder aus grobem Material wie Rupfen, Sackleinen oder Leinenband. Glänzende Satinbänder oder mit Silber- bzw. Goldfädchen durchzogene Bänder wirken elegant und festlich, wie im Adventsgesteck auf Seite 68 zu sehen. Man findet sie hauptsächlich in edlen Verarbeitungen. Schleifenbänder sind je nach Material und Breite kostspielig.

Die Gegenschlaufe an der gerafften Stelle unter den gekräuselten Punkt der ersten Schlaufe legen. Hier mit Bindedraht fixieren. Den Drahtanfang etwa 15 cm überstehen lassen und das andere Ende nicht abschneiden.

Schlaufen behalten meist länger ihre Form. Für ungeübte Finger sind diese Bänder eine große Hilfe. Auch lassen sich größere Schlaufen legen. Diese Bänder sind in der Regel etwas teurer als einfaches Band. Je nach Material des Schleifenbandes sind auch Besonderheiten beim Binden zu beachten. Sackleinen beispielsweise ist an den Außenkanten meist mit einem andersfarbigen Kettelband fixiert. Dieses muß vor dem Binden nach außen herausgezogen werden.

Bei einseitig bedruckten Schleifenbändern ist darauf zu achten, daß die Schleifen so gebunden werden, daß das Motiv immer gut zu sehen ist. Das gilt auch für Bänder mit einer glänzenden und einer matten Seite, wie beispielsweise einige Satinschleifen.

Schleife aus einem Band

Es gibt verschiedene Möglichkeiten, aus Bändern Schleifen zu legen. Jeder sollte für sich ausprobieren, welche Bindetechnik ihm am besten liegt. Für alle Dekorationen in diesem Buch reichen zwei Bindetechniken, nach denen die Schleifen nachzuarbeiten sind. Benötigt wird neben den Schleifenbändern noch Maßband, Bindedraht, Drahtschere und Bastelschere.

Die gelegten Schlaufen werden in der Mitte mit Wickeldraht befestigt. Die meisten Schleifen sind einzeln zu binden und werden erst anschließend auf die Dekoration gedrahtet. Deshalb den Anfang des Bindedrahtes je nach Dekoration 10 bis 15 cm überstehen lassen. Er wird später zum Aufbinden der Schleife auf die Dekoration benötigt. Weitergearbeitet wird mit dem Wickeldraht auf der Rolle. Aus langen und breiten Schleifenbändern lassen sich gut mehrere Schlaufen legen. Grundsätzlich bindet man zuerst die kleinste Schleife und legt die folgenden Schlaufen unterhalb der kleinen, zuerst gebundenen Schleife. Gearbeitet wird von oben nach unten bzw. von klein nach groß.

Anhand der nebenstehenden Fotos zeigen wir Ihnen, wie aus einem 2 m langen Satinband eine Schleife mit mehreren Schlaufen gelegt wird. Diese Schleife haben wir in die Tischdekoration „Frühlingsgrüße auf den Tisch" auf Seite 26 eingearbeitet. Die abgebildete Satinschleife besteht aus

Die zweite Schleife hat größere Schlaufen und wird hinter der ersten Schleife gearbeitet. Die Schlaufen legen Sie aus etwa 20 cm Band.

Je nach Länge des Schleifenbandes ließe sich noch eine weitere Schleife legen oder eine große Schlaufe – wie abgebildet.

Bei einer Schleife aus mehreren Bändern werden die Schleifen einzeln gelegt und der Größe nach aufeinander gedrahtet. Das 50 cm lange Sackleinen zu einer Schleife legen und mittig mit Bindedraht fixieren. Draht 15 cm überstehen lassen und die Drahtrolle nicht abschneiden.

zwei Schleifen und einer längeren Schlaufe. Zunächst nehmen Sie das Schleifenband in die rechte Hand (für Rechtshänder) und lassen das rechte Ende des Bandes in beliebiger Länge seitlich herunterhängen. In unserem Beispiel sind es 50 cm.

Nun wird die erste Schlaufe gelegt. Dazu vom langen Band etwa 15 cm zu einer Schlaufe legen, in der rechten Hand etwas ankräuseln und dann zwischen Daumen und Fingern festhalten. Mit der linken Hand eine gleichgroße Gegenschlaufe legen und ankräuseln. Die geraffte Stelle unter den gekräuselten Punkt der Gegenschlaufe legen. Hier mit Bindedraht fixieren.

Schleifenmitte mit Draht fixieren

Bitte daran denken, daß ein Stück Draht überstehen muß, damit die Schleife später auf die Dekoration gebunden werden kann. Es reicht, wenn Sie den Draht zweimal um die Schleifenmitte wickeln und die weiteren Schlaufen dann nur noch einmal. Die zweite Schleife hat größere Schlaufen und wird hinter der ersten Schleife gearbeitet. Die Schlaufen le-

Aus dem nächstschmaleren Band eine Achterschlaufe legen und mittig auf die große Sackleinenschleife legen, einmal mit Draht fixieren.

gen Sie aus etwa 20 cm Band. Je nach Material kann die Schlaufe auch noch größer werden, wenn das Schleifenband in sich stabiler oder mit Drähten versehen ist. Bei dem abgebildeten weichen Satinband würde eine zweite Schleife mit größeren Schlaufen nicht liegen, sondern flach herunterhängen.

Aus dem 20 cm Band also – wie bereits gezeigt – eine Schlaufe legen, ankräuseln, aus weiteren 20 cm Band eine gleichgroße Gegenschlaufe legen, unterhalb der anderen ankräuseln und einmal mit Draht fixieren.

Je nach Material des Schleifenbandes und der Größe der kleinsten Schleife können Sie diese Bindetechnik weiterführen. Es läßt sich aber auch, wie auf dem Foto Seite 99 unten abgebildet, eine große Schlaufe als Abschluß legen. In unserem Beispiel haben wir aus 40 cm Band eine Schlaufe gelegt, diese angekräuselt, hinter die anderen Schleifen ge-

Mit der nächsten Schleife ebenso verfahren. Diese jedoch leicht schräg versetzt auf die untere legen und mittig mit Bindedraht umwickeln.

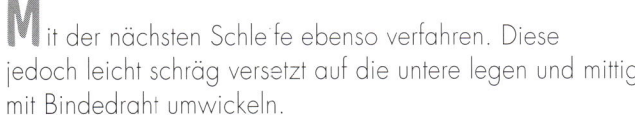

legt und zweimal mit Draht umwickelt. Den Draht passend abschneiden, damit Sie die Schleife noch gut auf die Dekoration drahten können.

Schleife aus mehreren Bändern

Einen wirkungsvollen Farbklecks in die Dekoration geben Schleifenbänder in verschiedenen Breiten und aus unterschiedlichen Farben. Viele der in diesem Buch gezeigten Dekorationen werden mit Schleifen aus mehreren Bändern geschmückt. Die Bänder werden einzeln zu einer Schleife gelegt und schräg aufeinander gedrahtet. Gearbeitet wird bei dieser Bindetechnik also von unten nach oben bzw. von breit

nach schmal. Die breiteste und größte Schleife liegt immer unten. Die übrigen Schleifen werden – immer schmaler und kleiner werdend – auf die jeweils untere gebunden. Wichtig ist dabei, daß die Schleifen leicht versetzt auf die jeweils untere aufgedrahtet werden. So kommt jede Schlaufe besser zur Geltung, und die einzelnen Schleifen werden nicht platt gedrückt.

Am Beispiel der Schleife, die wir für die Dekoration „Huhn Trude" (Seite 34) verwendet haben, wird die Bindetechnik einer Vierer-Schleife erklärt. Auch hier gilt: Der Bindedraht steht am Anfang 10 bis 15 cm über und wird zum Schluß ebenfalls passend abgeschnitten, um die Schleife später auf die Dekoration aufbinden zu können.

Aus dem breitesten Schleifenband – siehe linkes Foto, Seite 100, aus 50 cm langem und 15 cm breitem Sackleinen – eine Schleife legen. Dazu das Band ausbreiten und die beiden Enden jeweils zur Bandmitte legen, so daß sie hier einige Zentimeter übereinander liegen. Diesen Schnittpunkt ankräuseln und mit Wickeldraht fixieren. Dann aus dem nächstschmaleren Band eine Schleife legen. Damit die Bänder später gleichlang herunterhängen, das Band mittig in die Hand nehmen. Aus jedem Bandende eine jeweils gleichgroße Schlaufe legen. Die Bänder überkreuzen sich in der Schleifenmitte und hängen herunter. Diese Schleife nun waagerecht auf die untere Schleife legen und einmal mit Draht fixieren.

Dann aus dem nächstschmaleren Band, wie vorher beschrieben, eine Schleife legen und diese auf der zuletzt aufgebundenen befestigen. Diese dritte Schleife wird jedoch leicht schräg versetzt angebracht. Zum Schluß die schmalste Schleife binden und wieder leicht versetzt aufdrahten. Den Wickeldraht zweimal fest um die Vierer-Schleife legen und in passender Länge abschneiden.

> **Tip** Zusätzliche Akzente lassen sich in Schleifen bringen, wenn Sie in die Mitte beispielsweise noch eine Trockenblume einbinden. Bei mindestens drei Bändern können diese miteinander verflochten werden. Zum Schluß lassen sich einfach einige Knoten in das Bandende setzen. Bei Bedarf können auf schmalen Bändern auch bunte Holzperlen aufgereiht werden, die man durch Knoten im Band auf Abstand hält. Bei Schleifenbändern mit eingearbeitetem Draht wickeln Sie das Band über einen Bleistift und ziehen es heraus. Das Schleifenband fällt schillerlockenförmig heraus. Der Draht hält die Form.

Arbeiten mit Metallfolie

Mit dem Bleistift die Hasenfigur (oder andere Figuren) auf die Kupferfolie drücken. Mit einer Bastelschere die Figur ausschneiden.

Für Figuren, die plastisch wirken und etwas Glanz bekommen sollen, sind Metallfolien oder Aluminiumbleche ideal. Metallfolien bestehen aus einer dünnen Platte Kupfer oder Messing. Vorder- und Rückseite haben die gleiche Farbe. Sie sind meist in gut sortierten Bastel- oder Modellbauläden erhältlich. Metallfolien sind allerdings teurer als Aluminiumbleche, die kupfer-, blau-, gold- oder silberfarben sein können.

Der große Vorteil der glänzenden Materialien: Sie lassen sich gut in Form bringen, gravieren und kleben. Die Kupferfolie, die wir für den Osterhasen (Seite 10) verwendet haben, läßt sich sogar gut bemalen.

Der Hase aus Kupferfolie

Zum Ausschneiden der Metallfolie verwenden Sie eine stabile Haushaltsschere, die Sie nur für Bastelzwecke benutzen. Anschließend werden Muster oder Gesicht und Fell eingraviert. Dafür gibt es spezielles Gravierbesteck, aber mit einem Bleistift, einer nicht mehr funktionsfähigen Kugelschreibermine oder mit Stricknadeln läßt es sich preisgünstiger arbeiten. Häufig wirkt die Folie beim Gravieren mit dem Gravierbesteck oder mit Stricknadeln stumpf und bietet mehr Widerstand. Wenn Sie die Folie dann mit dem Radiergummi abradieren, läßt der Widerstand nach. Allerdings ist es einfacher, wenn Sie gleich zum preiswerten Bleistift greifen.

Zum Gravieren legen Sie am besten eine weiche Unterlage, wie Filz, ein altes Bettlaken oder Zeitungen, unter die Folie. Dann lassen sich die Konturen besser herausarbeiten. Bei Bedarf kann die Folie wie beim Kupferhasen mit stark verdünnter Abtönfarbe bemalt werden.

Metallfolien lassen sich auch mit Heißkleber aufeinanderkleben. Dadurch, daß beispielsweise die beiden Hasenhälften aus Kupferfolie aufeinandergeklebt und mit Heu gefüllt werden, erhält der Hase (auch andere Figuren) seine plastische Form. Bei Arbeiten mit der Heißklebepistole auf Metallfolie ist jedoch darauf zu achten, daß Metall Wärme leitet. Also Vorsicht, wenn Sie die Hälften der Figur aufeinanderkleben. Nehmen Sie sicherheitshalber eine Kombizange zu Hilfe.

Mond und Stern aus Aluminiumblech

Der funkelnde Weihnachtshimmel aus Mond- und Sternmotiv auf Seite 72 wurde aus Aluminiumblech gearbeitet. Dieses Blech ist auf einer Seite gold-, auf der anderen silberfarben. Diese Art Folien sind in der Größe DIN A4 erhältlich. Das Aluminiumblech ist wesentlich preiswerter als Metallfolien. Für den Halbmond und den Stern werden jeweils zwei Platten benötigt.

Die auf Seite 76 und 77 abgebildeten Schablonen für Mond und Stern mit Bleistift auf das Blech zeichnen. Mit der Bastelschere schneiden Sie die Figuren aus. Graviert wird von links, auf der silberfarbigen Seite der Platte. Als Unterlage reicht eine Zeitschrift. Diese Folie läßt sich leichter gravieren als eine reine Metallfolie. Das Gesicht des Mondes und auch die Zeichnungen auf dem Stern können nach Belieben verändert werden.

Auf gleiche Weise werden der Engel für die Weihnachtsquaste (Seite 84), das Herz, die Sterne und der Tannenbaum für die schnelle Dekoration mit der Kuchenform (Seite 84 und 85) ausgeschnitten und graviert.

Die Folie auf einen weichen Untergrund legen und mit der Bleistiftspitze Gesicht, Fell oder Muster in die Folie gravieren.

Um den Kupferhasen so naturgetreu wie möglich zu gestalten, die Folie mit stark verdünnter brauner Abtönfarbe grundieren. Mit einem Haarpinsel und weißer, grüner und schwarzer Farbe Augen, Ohren, Pfoten und Gitter der Kiepe aufzeichnen.

Motive aus Sperrholzplatte

Sehr vielseitig
sind aus Sperr-
holzplatte gesägte
und bemalte
Figuren zu ver-
wenden.
....

sie wurden sauber ausgesägt, schön bemalt und mit einer Schutzlasur versehen. Verwendet wird bei allen Sperrholz-motiven eine 4 mm dicke Sperrholzplatte. Beim Schreiner oder in Baumärkten sind oft Reste von Sperrholzplatten er-hältlich. Sie werden meist preiswerter angeboten. Gut zu verarbeiten ist eine Sperrholzplatte aus Weichholz wie Pap-pel oder Birke. Darauf sollten Sie beim Kauf achten. Anson-sten kann das Aussägen mit der Laubsäge zu einem Kraft-akt werden.

Arbeiten mit der Laubsäge

Zum Aussägen verwenden Sie eine einfache Laubsäge. Im Handel sind einseitige Sägeblätter (siehe Foto, Seite 105 links) erhältlich und solche, die in sich gedreht sind und nach allen Richtungen sägen. Allgemein gilt: Je feiner das Säge-blatt ist, um so feiner wird der Schnitt. Das erspart einige Handarbeit mit dem Schleifpapier.

Bei einseitigen Sägeblättern müssen Sie beim Aussägen von Rundungen und Ecken etwas aufpassen. Wenn Sie mit dem Sägeblatt eine andere Richtung einschlagen müssen, sä-gen Sie einfach mehrmals auf der Stelle und drehen dabei die Sperrholzplatte langsam in die gewünschte Richtung (sie-he Foto, Seite 105 oben). Bei Sägeblättern, die in sich ge-dreht sind, lassen sich solche Ecken und Rundungen einfa-cher bestreiten. Die Sägeblätter sind allerdings teurer.

Einseitige Sägeblätter werden – mit den Zackenspitzen nach unten zeigend – in die Laubsäge eingespannt. Dazu die Schrauben an der Säge lockern, das Sägeblatt an einem Ende unterhalb der Schraube schieben und die Schraube festdrehen. Dann den U-förmigen Bügel zusammendrücken, das andere Ende des Sägeblattes unter die andere Schrau-be schieben und festdrehen. So sitzt das Sägeblatt in Span-nung und sägt gut (siehe Foto, Seite 105 oben).

Viele Dekorationen enthalten bemalte Motive aus zugeschnittener Sperrholzplatte. Das Material ist natür-lich, und die gefertigten Teile lassen sich immer wieder ver-wenden. Der Hahn bzw. die Marienkäfer im Reisigkranz (Seite 16/23), die Blüten und der Hase aus dem Tischstrang (Seite 26), der Sonnenblumenstecken (Seite 48) oder der Weihnachtsstern (Seite 86) –, alle diese Motive lassen sich auch in anderen Dekorationen verarbeiten, vorausgesetzt,

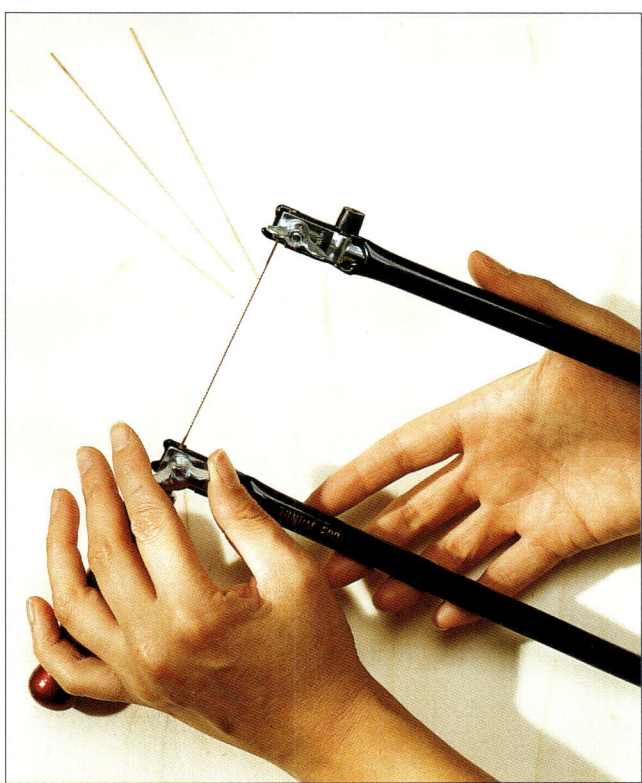

Das Sägeblatt senkrecht von oben nach unten durch die Sperrholzplatte ziehen. Schwierig sind Ecken und Rundungen mit einseitigen Sägeblättern zu arbeiten. Dann auf dem Punkt sägen und dabei langsam das Sägeblatt in die gewünschte Richtung drehen.

Das Sägeblatt ist richtig eingespannt, wenn die Zacken leicht nach unten schauen.

Die Motive müssen zuerst auf die Sperrholzplatte übertragen werden. Am besten pausen Sie die Motive ab und zeichnen sie mit Bleistift auf die Sperrholzplatte. Wichtig ist, daß Sie die Schablonen platzsparend aufmalen, um nicht zuviel Verschnitt zu haben.

Sägekanten glattschleifen

Nach dem Aussägen müssen die Sägekanten mit Schleifpapier geglättet werden (siehe nebenstehendes Foto). Geeignet ist dafür grob bis mittelfein gekörntes Papier. Für feine Kanten arbeiten Sie noch einmal mit einem feineren Schleifpapier oder mit einem Schleifschwamm nach. Wichtig ist, daß Sie beim Schleifen nicht die Figur verändern und aus einer Zacke eine Rundung schmirgeln. Damit das Sperrholz bemalt werden kann, muß es sauber und staubfrei sein. Also die Sperrholzplatte trocken abwischen oder mit einem kalten Luftstrahl aus dem Fön sauber blasen.

Je feiner das Sägeblatt, desto feiner ist der Schnitt. Dennoch müssen die Außenkanten mit grobem bis mittelfeinem Schleifpapier glatt geschliffen werden.

Abtönfarben eignen sich sehr gut zum Bemalen von Sperrholz. Effektvolle Farbnuancen erhalten Sie, wenn Sie den Pinsel nacheinander in die Farben tauchen und diese in einem Pinselstrich auf das Sperrholz malen.

Malen auf Sperrholz

Zum Bemalen der Sperrholzplatte eignet sich Abtönfarbe, wie man sie auch zum Streichen von Rauhfasertapeten benutzt. Die Farbe ist wasserlöslich und deckt gleichzeitig gut ab. Außerdem haftet auf ihr Tapetenschutzlasur, mit der jedes bemalte Sperrholzmotiv anschließend lasiert wird. Die Lasur macht die Sperrholzmotive widerstandsfähiger gegenüber Feuchtigkeit und verleiht den Abtönfarben einen leichten Glanz.

Als Grundausstattung reichen die drei Komplementärfarben Rot, Gelb und Blau sowie schwarze und weiße Abtönfarbe. Mit diesen Farben können Sie jeden beliebigen Farbton selber mischen. Für das Bemalen werden Flachpinsel benötigt. Konturen, die einen feinen Pinselstrich erfordern, wie Augen, Maul oder Blütenstaub, werden mit einem dünnen Haarpinsel in den Größen Nr. 0 oder Nr. 1 aufgemalt. Da die verwendeten Farben wasserlöslich sind, lassen sich die Pinsel einfach mit Wasser reinigen.

Effektvolle Farbnuancen mit einem Pinselstrich

Wenn Sie die Abtönfarben, die Sie benötigen, auf einen flachen Teller geben, trocknet die Farbe in den Flaschen nicht so schnell aus. Außerdem lassen sich die Farben so besser mischen. Jeweils nur soviel Farbe mischen, wie Sie auch benötigen. Auf keinen Fall sollten Sie die Farben auf der Sperrholzplatte mischen, dann gibt es nur einen Mischton und keine Farbschattierungen.

Zuerst werden die 4 mm Außenkanten des Sperrholzmotives bemalt. Wer dies nachträglich versucht, übermalt meist unbeabsichtigt die Ränder des Motives.

Die Maltechnik, die den besonderen Effekt auf dem Federkleid des Hahns oder dem Weihnachtsstern ergeben, ist

Zum Schluß erhalten die bemalten Motive als Schutz gegen Feuchtigkeit und Schmutz eine Lasur aus Molto-Tapetenschutz. Nur dünn auftragen und gut verstreichen.

einfach nachzuarbeiten. Nur folgendes ist zu beachten: Den Flachpinsel nacheinander in die verschiedenen Farben tauchen und in einem Pinselstrich die Farbe schwungvoll auf die Sperrholzplatte übertragen. Die Farben nicht mischen. Wenn korrigiert werden muß, dann nur in feuchter, gerade aufgetragener Farbe. Den Pinselstrich immer bis zum Schluß durchziehen.

Schutzlasur macht wetterfest

Sollen beide Sperrholzseiten bemalt werden, zuerst die eine Seite bemalen, gut trocknen lassen und dann die andere Seite. Sind beide Seiten trocken, tragen Sie die Schutzlasur auf. Um sicherzugehen, können Sie die Farbe nochmals trocken fönen. Feuchte Farbe kann sich nämlich mit der Schutzlasur vermischen und verwischt dann.

Bewährt hat sich für diese Arbeiten als Schutzlasur „Molto Tapetenschutz". Sie ist im Fachhandel oder Baumarkt erhältlich. Die Lasur wird unverdünnt aufgetragen. Der Vorteil dieser Lasur ist, daß sie nicht unangenehm riecht und innerhalb von wenigen Minuten trocknet. Die Pinsel lassen sich mit kaltem Wasser auswaschen. Die Sperrholzmotive sind wetterfest, so daß sie, nach draußen gestellt, auch einige Regenschauer überstehen, ohne Schaden zu nehmen.

Die Lasur ist milchig und darf nur dünn aufgetragen werden. Der weißlich-violette Film, der dabei entsteht, muß gut eingepinselt werden, bevor Sie den Pinsel erneut in die Lasur tauchen. Die Lasur einziehen lassen. Beginnen Sie immer mit der 4 mm dicken Außenkante des Sperrholzmotives und bestreichen dann den Rest. Gut trocken fönen. Wenn Sie die Schutzlasur zu früh berühren, kann sie sich lösen und Sie müssen nochmals darüberstreichen.

Pflanzen sammeln und lufttrocknen

Ob Stauden, Sommerblumen, Kräuter, Gräser, Getreide oder Fruchtstände – getrocknet werten diese Naturmaterialen jede Dekoration auf. Wichtig für deren Haltbarkeit ist der richtige Schnittzeitpunkt und eine ausreichende Trocknung. Wer für Bastelabende im Herbst oder Winter vorsorgen möchte, sollte bereits im Frühjahr fleißig ernten und trocknen.

Die Haltbarkeit der Pflanzenmaterialien hängt entscheidend von der Reife der Pflanzen ab. Viele Blumen müssen im knospigen Zustand geschnitten werden, dazu zählen beispielsweise Strohblume (Helichrysum) und Kugeldistel (Echinops). Sie werden kurz vor dem Öffnen der Blüten geschnitten, denn diese gehen noch beim Trocknen auf.

Schneiden, wenn Blumen gerade aufgeblüht sind

Auf der anderen Seite bringt die Ernte im knospigen Stadium oder noch eher bei vielen Blumen nicht den gewünschten Erfolg. Sie bleiben dann im knospigen Blütestadium, und die Blütenfarbe läßt zu wünschen übrig. Am günstigsten schneiden Sie Blumen, wenn sie aufgeblüht sind, aber noch nicht ihre Vollreife erreicht haben. Das gilt beispielsweise für Statice (Limonium), Papierknöpfchen (Ammobium) und Sonnenflügel (Helipterum). Wird später geerntet, ist die Blüte reifer und verblaßt.

Die Silberdistel (Carlina) dagegen wird im voll erblühten Zustand geschnitten. Beim Schleierkraut (Gypsophilia) erfolgt der Schnitt, wenn sich etwa Dreiviertel der Einzelblüten geöffnet haben, aber noch nicht braun verfärbt sind. Gräser sollten grundsätzlich erst dann geerntet werden, wenn die Blütenstände aufgegangen sind. Die Gräser dürfen aber

nicht voll erblüht sein. Sie fallen dann schnell auseinander oder rieseln. Samen- und Fruchtstände werden erst geschnitten, wenn sie soweit ausgereift sind, daß sie sich verfärben. Wann welche Pflanzen geerntet und wie getrocknet werden, ist übersichtlich im Erntekalender auf Seite 110 und 111 beschrieben.

Besonders schönes, grünes Heu erhalten Sie, wenn Sie das frische Gras nicht zu lang werden lassen und es an einem dunklen Ort beispielsweise auf einen feinen Maschendraht auslegen und trocknen. Heu aus dem gepreßten Heuballen ist meist von der Sonne ausgeblichen. Moos wird zum Trocknen in eine gut belüftbare Kiste oder in einen Korb gelegt und trocknet so.

In den Mittagsstunden ernten

Grundsätzlich werden Trockenblumen an trockenen Tagen und mittags geschnitten. Dann sind die Pflanzen gut abgetrocknet. Entscheidend ist auch der Wassergehalt in der Pflanze. Je mehr Wasser im Gewebe gespeichert ist, desto länger dauert das Trocknen und die Blüte kann noch nachreifen. Wer also den richtigen Schnittzeitpunkt verpaßt, muß damit rechnen, daß die Blüten ausreifen, dadurch unansehnlich werden oder auseinanderfallen.

Die Pflanzen sollten möglichst schnell und schonend getrocknet werden. Am einfachsten ist das Lufttrocknen in trockenen Räumen, wie Dachboden, Vordach oder Scheune, in denen eine ständige Luftbewegung gewährleistet ist. Wichtig ist, daß die geschnittenen Blumen an einem dunklen Ort trocknen. Sonnenlicht läßt die Blütenfarbe nämlich ausbleichen. Eine Ausnahme machen allerdings Trockenblumen, die farblos, perlweiß oder matt silbergrau sind. Durch einen Tag Sonne werden Sie erst richtig weiß, silbergrau bzw. lindgrün. Dazu zählen beispielsweise Perlpfötchen (Anaphalis margaritacea), Silberling (Lunaria annua), Muschelblume (Moluccella laevis) sowie Ähren- und Rispengräser.

Fast alle Blumen, Kräuter, Gräser und Getreidearten lassen sich kopfüber und hängend trocknen. Am besten spannen Sie in ausreichenden Abständen waagerecht Schnüre auf. An diese können Sie die zu trocknenden Pflanzen aufhängen. Viele Blumen, Gräser, Getreidearten und Kräuter werden am Stielende zu einem kleinen Sträußchen gebün-

delt und mit einem Gummiband fixiert. Beim Eintrocknen der Stiele zieht sich das Gummiband zusammen, ohne daß ein Stiel herausfallen kann. Trocknen Sie die Stiele aufrecht stehend, so biegen sich die Stielenden unterhalb der Knospen um. Dann müßten Sie einen Stützdraht durch den Stiel bis in die Blüte schieben. Doch das ist nicht bei allen Stielen möglich.

Pflanzen bündeln und kopfüber trocknen

Je nach Pflanze gehören nicht mehr als 10 bis 25 Stengel in ein Bündel. Beim einjährigen Rittersporn sind es sogar weniger als zehn Blüten. Vor dem Trocknen werden alle Pflanzenteile, die keinen Schmuckwert haben, abgestreift. Am besten schneiden Sie die Stengel gleich auf die Länge ab, in der sie später verwendet werden. Dann werden die gebündelten Pflanzen kopfüber an einem luftigen, trockenen und dunklen Raum getrocknet.

Blüten ohne Stiel und Fruchtstände lassen sich am besten auf einem engmaschigen Draht trocknen. Wichtig ist auch hier, daß ausreichend Luft von oben und von unten an das Pflanzenmaterial kommt. Empfindliche Blumen, wie Pfingstrosen (Paeonien), Hortensien (Hydrangea) oder Rittersporn (Delphinium), trocknen Sie besser schonend. Dazu ein Gefäß etwa 5 cm hoch mit Wasser füllen, die Pflanzen in ausreichendem Abstand voneinander hineinstellen und das Wasser verdunsten lassen. In drei bis vier Wochen sind die Blumen trocken.

Getrocknete Blumen haben nicht mehr die Farbintensität wie frische Blumen. Dunkelrote Rosen beispielsweise werden noch dunkler. Gelbe Rosenblüten werden schnell braun. Für Gestecke und Dekorationen eignen sich daher meist Rosenblüten in helleren Rottönen.

Auch Getreide läßt sich gut bündelweise und kopfüber aufgehängt trocknen. Beim Hafer allerdings ist das anders. Wenn Sie Wert auf die natürliche Form der Rispen legen, können Sie den Hafer auch aufrecht stehend in einer leeren Vase trocknen.

Trocken und dunkel aufbewahren

Damit das getrocknete Pflanzenmaterial nicht wieder Feuchtigkeit aufnimmt, schlagen Sie es bündelweise in Sei-

den- oder Zeitungspapier ein und bewahren es in Kartons oder Schachteln auf. Da das Trockenmaterial druckempfindlich ist, sollten Sie die Bündel locker und versetzt in Kartons legen.

Moos wird ebenfalls in Kartons aufbewahrt. Jeweils die Oberseite bzw. die meist noch etwas erdanhaftende Unterseite aufeinanderlegen. Wichtig ist, daß die Pflanzen trocken und dunkel aufbewahrt werden. Damit die Pflanzen keine Feuchtigkeit aufnehmen, können Sie zum Schutz Ele-

fantenhaut, das ist ein Tapetenimprägnierungsmittel, in Bastelläden oder Malerfachgeschäften erhältlich, auf die Pflanzen sprühen. Sind die getrockneten Stiele zu brüchig, um sie zu verarbeiten, sprühen Sie die Stiele einen Tag vorher mit etwas Wasser ein.

Es ist übrigens normal, daß nicht alle getrockneten Pflanzen gelingen. Der Trocknungserfolg hängt eben auch von Wachstums- und Witterungsverhältnissen der Pflanzen ab. Das ist eben Natur.

Blumen, Gräser, Getreidearten und Kräuter lassen sich gebündelt und kopfüber an der Luft trocknen. Damit die Pflanzen nicht zu sehr an Farbintensität verlieren, müssen sie dunkel hängen.

	Pflanze	Schnittzeit	Ernte	Trocknungsmethode
Stauden und Sommerblumen	Schafgarbe *Achillea filipendulina*	Juli	Blütenstiele ernten, sobald Dolde von grüner in gelber Farbe übergeht; bei zu später Ernte werden Blüten braun	Blätter abstreifen, zu zehn Stielen gebündelt, hängend luftig trocknen
	Frauenmantel *Alchemilla mollis*	Juni – Juli	wenn Blütentriebe aufgeblüht sind und aufhellen mit langem Stiel	gebündelt an der Luft
	Rittersporn *Delphinium ajacis*	Juni und September – Oktober	sobald erste Blüten farblich gut ausgeprägt sind, Stiele schneiden und entlauben	gebündelt, hängend oder aufrecht stehend in Vase mit etwa 5 cm Wasser trocknen, Staudenrittersporn läßt sich aufgrund des saftigen Gewebes schlechter trocknen
	Schleierkraut *Gypsophila*	Juni – August	sobald die weißen Blüten Farbe zeigen; Blüten öffnen sich während des Trocknens	gebündelt hängend an der Luft trocknen; trocknet auch aufrecht stehend in einer Vase mit etwas Wasser
	Sonnenblumen *Helianthus*	Juli – September	voll ausgereifte Blütendolde ernten, auch frisch	Stengel einzeln trocknen
	Wiesenbärenklau *Heracleum sphondylium*	Juni – August	trockene Fruchtdolden schneiden	trocken aufbewahren
	Bauernhortensien *Hydrangea macrophylla*	September – Oktober	voll ausgereifte Blütenköpfe schneiden, Blume soll sich etwas lederartig anfühlen	hängend oder liegend, trocknet auch in der Vase
	Lavendel *Lavandula*	Juni – Juli	Stiele mit Beginn der Blüte schneiden	an der Luft trocknen auch liegend; leichtes Rieseln nicht zu vermeiden
	Statice *Limonium sinuatum*	Juli – August	wenn Blüten Farbe zeigen und voll erblüht sind	gebündelt aufgehängt oder an der Luft trocknen
	Muschelblume *Moluccella laevis*	August	wenn trichterförmige Kelchblätter aufhellen	gebündelt zum Trocknen aufhängen, grüne Kelchblätter hellen schneller auf, wenn das Bündel 1 Tag an der Sonne trocknet

Pflanze	Schnittzeit	Ernte	Trocknungsmethode	
Mohn *Papaver rhoeas*	Juli – September	Stengel mit reifen Kapseln, sobald der Samen ausfällt, Klatschmohn und andere einjährige Arten ganz aus der Erde ziehen	gebündelt hängend oder aufrecht trocknen	Stauden und Sommerblumen
Rosen *Rosa*	Juli – August	im knospigen Zustand – mit kaum geöffneten Blüten	hängend gebündelt trocknen; hellere Blütenfarben sind geeigneter, da Farbe nachdunkelt	
Fetthenne *Sedum spectabile*	Juli – August	voll ausgebildete Blütendolden ernten, Stengel über Boden abschneiden; auch frische Verwendung möglich	Stengel einzeln trocknen	
Rainfarn *Tanacétum*	Juli – Oktober	hellgelbe und kugelrunde Blütenknöpfchen	hängend an der Luft	
Roggen-Trespe *Bromus-secalinus*	Juni – Juli	schneiden, sobald flach anliegende Ährchen der locker aufgebauten Rispen gut ausgebildet sind	Stiele aufrecht stehend im Gefäß trocknen, hängend verlieren sie ihre Eleganz	Gräser
Weiche-Trespe *Bromus-hordeacens*	Juni – Juli	schneiden, sobald flach anliegende Ährchen der locker aufgebauten Rispen gut ausgebildet sind	Stiele aufrecht stehend im Gefäß trocknen, hängend verlieren sie ihre Eleganz	
Ackerschachtelhalm *Equisetum*	Mai – September	Grün über Boden abschneiden	gebündelt hängend trocknen	
Hafer *Avena-sativa*	Juni – Juli	schneiden, bevor Körner reif sind	hängend oder aufrecht in Vase an der Luft trocknen	Getreide
Gerste *Hordeum sativivum*	Juni – Juli	Gerste schneiden, bevor die Grannen gelb werden	bündelweise hängend trocknen	
Roggen *Secale cereale*	Juni – Juli	schneiden, bevor Körner reif sind	bündelweise hängend trocknen	
Weizen *Triticum sativum*	Juli – Anfang August	schneiden, bevor Körner reif sind	bündelweise hängend trocknen	

Ria Kormann
erstellte die
außergewöhn-
lichen Dekora-
tionen in
diesem Buch.

In der freien Natur ihres Heimatortes Ve-
len-Ramsdorf, Kreis Borken, sammelt Ria
Kormann die Materialien für ihre vielseiti-
gen Dekorationen. Diese kommen auch bei
vielen ihrer Kursteilnehmerinnen gut an. Seit
1978 gibt Ria Kormann, geboren 1947,
Kurse im kreativen Bereich an Weiter-
bildungs-Institutionen im Raum Borken. Ihre
natürlichen Dekorationen und raffinierten
Ideen sind praxiserprobt und einfach
nachzuarbeiten. Seit Jahren veröffentlicht
das Landwirtschaftliche Wochenblatt Westfalen-Lippe zahlreiche ihrer ausgefallenen
Gestaltungsideen.